U0069936

中國近代歷史城市指南

City Guidebooks of Modern China:

Suzhou Section I

蘇州篇（一）

導論

巫仁恕｜中央研究院近代史研究所研究員

明清以來，蘇州向來是江南的旅遊重鎮，民國後坊間出版了許多蘇州指南的手冊書籍，這種現象反映了蘇州旅業的發展，而內容也呈現了蘇州城市的變遷。本套書收錄五種版本的蘇州指南，在此介紹此該書的作者與內容，並分析這類文本的特徵。

1. 陸鴻賓編著，顏大圭審定，《旅蘇必讀》（蘇州：吳縣市鄉公報社，1922）[1]

編著者陸鴻賓（1854-?），字璇卿。光緒4年（1878）吳縣縣學附生。長元吳公立師範傳習所畢業生。長洲縣城內文一二圖董事，長洲縣十五都區董，宣統2年（1910）當選長元吳三縣城議事會議員。民國時歷任吳縣金墅鄉董、吳縣學務委員、上海模範監獄會計科科長等職。編有《虎邱山小志》、《旅蘇必讀》。[2] 從該書的三篇〈序言〉可以看到該書編輯出版的背景與動機。李伯蓮的〈序〉就說四方來蘇州的遊人頗多，但「郡志一書，龐然巨帙，殊

1 感謝中央研究院近代史研究所林志宏教授慷慨贈送之電子檔案。

2 參見夏冰，《蘇州士紳》（上海：文匯出版社，2012），頁244。

不適旅行之用。」顏忍公的〈序〉更指出，「坊肆間出售之蘇州指南等等，又皆略而不詳，錯漏百出，未足為旅行之助，論者惜之。」作者的〈自序〉則說：

> 東西各國，通都大邑，無不有專書紀述，為過客之指南。上海歐化，開通獨早，指南一書，久已通行，出版已十餘次，出書已數萬冊。吾蘇為省會之區，名勝古迹，指不勝屈，而於旅行指南一書，尚賦闕如。[3]

顯然作者編輯此書就是為提供旅客遊覽的指南，而且是受到上海指南的影響。再者，從上述這些序言裡也可以看到，早在此書之前蘇州已經有所謂「蘇州指南」的書籍，只是內容很簡略。其所指涉的，大概就是下文提到由朱揖文撰寫的《蘇州指南》最初版。本書的內容遠比《蘇州指南》來得豐富，全書分四集，首集內容包括名勝古蹟風景圖畫、歷史沿革、田賦物產、名勝古蹟、風俗雜考。第二集內容有蘇州街巷地名、政府機構、電郵資訊、交通價目、宗教與各行業。第三集記錄律師與訴訟、醫生與醫院、旅社、戲院、菜館與書場等娛樂場所。四集則是地名巧對、竹枝詞、歌曲、諺語解釋與補遺等等。

3 《旅蘇必讀》，頁 19。

2. 鄭逸梅，《最新蘇州遊覽指南》（上海：大東書局，1930 年 3 月初版），213 面附圖。

鄭逸梅（1895-1992）係著名的作家，出生於上海江灣。本姓鞠，父營米業，三歲時卻因鄰居失火波及其家室，以致貧無立錐，只得倚靠外祖父為生，並改姓鄭。外祖父原籍安徽歙縣承獅村，洪楊之役後避難來到蘇州，營南貨業，逸梅遂居蘇州。逸梅考入蘇州長元吳公立第四高等小學堂、江蘇省立第二中學。1917 年與趙眠雲、姚蘇鳳等人組織了「星社」，成為蘇州1920 年代最有影響的文學團體。在蘇州期間，鄭逸梅一直擔任號稱全國三大報《申報》、《新聞報》、《時報》的特約撰述，並獲得「補白大王」之稱。1927 年加入上海影戲公司擔任編劇工作，從此定居上海。1930 年參加南社。[4] 鄭逸梅除了寫作就是教書，先後任教過上海多所著名中學。鄭逸梅一生從事寫作，以字數計算，作品超過一千萬，僅單行本著作就有六十餘種。本書內容分〈概說〉、〈名勝〉、〈交通〉、〈食宿遊覽〉、〈機關〉、〈清遊小志〉等七章。書前有蘇州地圖一幅，凡例及照片多幅。最特別的是〈清游小志〉，占全書的四分之一，是作者自己撰寫的蘇州遊記。[5]

---

4 鄭逸梅之自傳，參見網路資源：http://blog.sina.com.cn/s/blog_b42cd8460101b5y0.html。

5 現今關於他的合集或選集中，並無此書，但據其所撰之〈敝帚小識〉一文，曾云 1930年時，上海大東書局主人請託周瘦鵑來邀他編撰《蘇州游覽指南》與《杭州游覽指南》二書，他決定只

3. 朱揖文原著、范煙橋重修、費善元校正，《蘇州指南》七版增訂（蘇州文新印刷公司，1931）共一冊，附圖。

本書的最初版本是在1921年5月印刷，應是現今已知出版時間最早的蘇州指南。最初作者朱揖文完成該書後所冠的書名是《游蘇備覽》，在出版時才改為《蘇州指南》；[6]而且之後再版過至少十次。[7]朱揖文的生平雖然並不甚清楚，但是幫此書寫序言的唐忍菴等人，[8]以及日後版本的重修者范烟橋，[9]都是蘇州著名的文人。如初版中

擔任前書的編撰。參見鄭逸梅，〈敝帚小識〉，收在中華書局編輯部編，《學林漫錄》第八集（北京：中華書局，1983），頁245-246。

6 該書收錄最初諸版本的〈序〉，其中最早的是唐忍菴所撰，文中有「朱揖文先生於是有《游蘇備覽》之輯」一語，可見最初書名應為《游蘇備覽》。1923年版有王幹生〈序〉，也說：「前年有《游蘇備覽》之發行，唐子忍菴顏之曰《蘇州指南》。」可見是唐忍菴將書名改為《蘇州指南》。

7 目前已知的版本如下：1、中華民國 10年 5月初版；2、中華民國 12年 3月再版；3、中華民國 14年 3月三版；4、中華民國 15年 3月四版；5、中華民國 17年 4月五版；6、中華民國 18年 10月六版；7、中華民國20年5月七版；8、中華民國23年1月八版；9、中華民國24年2月九版；10、中華民國25年9月十版。

8 唐奇（1901-1970），字潤涵，又字忍庵，忍安，別署蒽云，江蘇太倉人。南社成員之一，曾擔任過《思益旬刊》副刊編輯、太倉縣議會及商會秘書，著有小說《苦命鴛鴦》、《分飛燕》，以及旅游指南《蓉湖探勝記》等。參見網路資源如下：http://www.dfzb.suzhou.gov.cn/zsbl/1181627.htm。

9 范烟橋（1894-1967），乳名愛蓮，學名鏞，字味韶，號烟橋，吳江同里人。清宣統 3年（1911）入蘇州公立第一中學堂（草橋中學），結識顧頡剛、葉聖陶、鄭逸梅等文學同好，始作詩詞。辛亥革命期間回鄉，參加南社結識了陳去病、柳亞子等人。1912年入杭州之江學堂，次年改入南京民國大學。1922年隨父遷居蘇州，期間常為上海各報副刊及雜誌寫稿，創作長篇小說《孤掌驚鳴記》。後執教於上海正鳳中學、持志大學、蘇州東

中有唐忍菴的〈序〉，指出該書作者「探幽陟險，援古證今」，編輯此書是專門提供不遠千里而來的遊客，明瞭蘇州名勝由來的知識。在體例上分別有〈風景攝影〉、〈正編・名勝〉、〈附編・雜記〉三部分，並附有〈蘇州城廂全圖〉一幅。正編名勝包括留園等28處名勝介紹，附編的內容更廣，如沿革與鄉鎮、水陸交通、各類機構（公署、學校、醫院、郵局）、民間組織（會館、同業公會）、各行各業（律師、醫生、工廠、公司、印刷、金融等）、旅遊娛樂相關（旅館、菜館、茶館、照相館、浴室、著名產物、娛樂場所）、食譜等。此書內容精簡，卻可以一而再、再而三地增修改版，堪稱是蘇州的指南書籍中最為暢銷的一種。

4. 尤翔著，《新蘇州導游》（蘇州：文怡書局，1939）。

作者尤翔，原名尤志庠，字玄甫，亦作玄父，號墨君，別署黑子，室名捧蘇樓，他也是南社的社員，交友頗廣；著有《碧玉串》、《新蘇州導遊》、《捧蘇樓墨屑》等等，又與蔣箸超、張闓飛等合作《古今小說評林》。他先後在衢州師範學校、台州地區的海門（又作臨海）第六中學、紹興嵇山中學、杭州師範學校、上海浦東中學等處

吳大學附中，並主編刊物。1930年代，常與包天笑約寫彈詞，後與影劇界接觸，為上海的電影公司創作歌詞與改編劇本。參見尹占群主編，《蘇州近現代名人及遺跡》（北京：新華書店，2013），頁192。

從事語文教學。[10] 在抗戰初期，他從浙江回到故鄉蘇州，編輯了這冊導遊書並在當地出版。[11] 作者在〈序〉裡指出其所以撰此書，乃是受人之託，即出版者文怡書局的主人周文達所請。而他強調該書與過去的遊記、方志皆不同：「蓋地方指南之書，所以備遊人手此一編，可以按圖索驥，藉省導遊者口講指畫之勞。」而書成之日是1938年冬，此時蘇州已淪陷半年餘。[12] 全書除〈附錄〉外，共有11章，分別如下：〈蘇州概說〉、〈游程提要〉、〈附郭之游〉、〈城北之游〉、〈城中之游〉、〈城南之游〉、〈木瀆　靈巖山　光福〉、〈天平山　支硎山　天池山〉、〈甪直唐塑〉、〈勝遊志餘〉、〈起居飲食與娛樂〉等。此書雖成於抗戰初期，但內容所述有許多反映的是戰前蘇州旅遊發展的榮景，如關於旅遊行程與景點的擴大；而部分又是呈現戰亂淪陷後的蕭條，如關於旅館數量的記載。

5. 上海大中輿地學社出版，《最新蘇州指南》（蘇州：大公書局發行，1948）

本書並未列作者名，整本書的正文僅有32頁，只占全書的一半，另外一半幾乎都是廣告。內除附有〈城內名

10　陳玉堂編著，《中國近現代人物名號大辭典》（杭州：浙江古籍出版社，2005），頁92。

11　參見黃惲，〈尤墨君與《新蘇州導游》〉，《蘇州雜誌》，2013年第1期，頁63。

12　《新蘇州導游》，頁103。

勝圖〉、〈虎邱名勝圖〉與〈郊外名勝圖〉三幅之外，全書正文記載蘇州各處名勝，還附有風景照片作插圖。至於交通、郵電、各行業等相關資訊，此書則完全沒有記錄。甚至關於旅館，也只非常簡略地說：「在城外廣濟橋、橫馬路一帶。在城內觀前街、北局、大井巷各處。」[13] 比起上述它種的指南書籍，顯然是輕薄短小。此書出版的時間雖是抗戰勝利後，但書末提到：「本書原擬記載車輛價目，以便遊人不致枉費，但因物價波動，難於肯定，放除去之以減麻煩。」[14] 由此反映了戰後通膨嚴重的現象。此外，筆者推測本書的內容所載之旅遊景點，也可能有不少記載反映的是抗戰後期的現象。

上述五種始於1920年代發行的蘇州指南，有其共通的特徵。首先是這類指南書籍出版的動機，都是為了提供外地遊客到蘇州旅遊時「按圖索驥」之用，這是過去蘇州前所未見的新式書籍。雖然在晚明就可以看到旅遊手冊的出版，但是至今也僅能見到杭州西湖一地的遊覽手冊，其它城市則無此類書籍出版，即使蘇州雖已是江南的旅遊重鎮，而且有不少地方志的編纂，卻仍未見旅遊手冊出版。[15] 所以此類書籍的出版與流行，是蘇州前所未見的。

13 《最新蘇州指南》，〈導游〉，頁275。

14 《最新蘇州指南》，〈附言〉，頁322。

15 巫仁恕、狄雅斯，《游道：明清旅遊文化》（台北：三民書局，2010），頁20-22；關於晚明杭州旅遊手冊的研究，參見馬孟晶，〈名勝志或旅遊書——明《西湖遊覽志》的出版歷程與杭州旅遊其次，這類書籍的出現其實有很大的程度是受到上海的影響。在《旅蘇必讀》作者的自序裡，就明白指出是看到上海的旅行指南出版興盛，因而反思撰寫蘇州旅行指南的必要性。再就出版印刷而言，上述五種指南中除了在蘇州本地出版印刷之外，還有的是上海市的書局或出版社所印行者，如鄭逸梅的《最新蘇州遊覽指南》，可見上海的影響力；同時也可據此推測，赴蘇旅行的遊客中來自上海者應占有很大的比重。

第三，從使用或閱讀的實用性與普及程度來看，《蘇州指南》已再版過至少十次，充分說明了該書受歡迎的普及程度。再如印刷出版《旅蘇必讀》的是吳縣市鄉公報社，據該報社自稱其特色，其一是該報信用卓著，在蘇城的政府機構、學校與各大實業家，「無不置一編，先睹為快。」其一是該報流通甚廣，遠及國內外，且普及內地吳縣二十市鄉，「雖窮鄉僻壤，莫不有本報蹤跡。」此外，在該書裡的老蘇台旅社的廣告詞，還聲稱備有《旅蘇必讀》此書，俾旅客翻閱。[16] 看來該書的確有相當程度的發行量與普及性。又如出版《（最新）蘇州遊覽指南》的上海大東書局，從該書末頁還可以看到該書局廣告其所印行其它地區的遊覽指南，可見這方面是該書局發行的重心。[17] 我們再從當時知識分子的一些記錄，可以看到這類

文化〉，《新史學》，24卷4期（2013年12月），頁93-138。

16 《旅蘇必讀》，正文前之廣告頁。

17 包括：凌善清編《怎樣的游西湖》、周瘦鵑編《湖上》、凌善

指南書籍被使用的狀況。如周黎庵著〈半小時訪章記〉一文中，提到其和一群友人在1935年到蘇州拜訪章太炎，隨身即攜帶《蘇州指南》一書。[18]

第四，這類指南書籍都有關於蘇州旅行交通的記載，尤其顯見鐵路的角色非常重要，同時也反映蘇州遊客的來源。例如《旅蘇必讀》、《最新蘇州遊覽指南》與《蘇州指南》內容涉及交通的部分，往往將鐵路運輸置於交通項目之首，且將上海發車火車時刻列於最先，由此反映來自上海的遊客是旅遊蘇州的最大宗。

上述五種蘇州指南因為係通俗讀物，無論海內外圖書館典藏者並不多。此次重新排版印行，讓當代的讀者再次感受到蘇州古都的歷史與其過往旅遊的盛況。

（說明：本文主要內容係根據巫仁恕，《劫後「天堂」：抗戰淪陷後的蘇州城市生活》〔臺北：國立臺灣大學出版中心，2017〕一書之「附錄」改寫而成。）

清編《西湖叢話》、顧明道編《西湖探勝記》、方繼之編《新都遊覽指南》、《普陀山遊覽指南》等。

18 周黎庵，《葑門集》（出版地不詳：庸林書屋，1941），頁42。

編輯凡例

一、本套叢書收錄近現代中國各地城市指南、市民手冊、工商手冊等，由中央研究院近代史研究所城市史研究群徵集、輸入，本社校對並重新排版，如有錯誤，概由本社負責。

二、本書儘量採用原徵集各書之文字，不以現行通用字取代古字、罕用字、簡字等。惟原徵集各書多數並無標點，或有句無讀，本版另加現行標點符號，以方便閱讀。

三、原徵集各書書內廣告頁，為不影響閱讀流暢，集中於各書之末。書中因印刷不清楚或無法辨識之文字，以■標示。缺頁、缺圖等則以〔 〕加註。

四、以上若有未盡之處，敬祈方家指正。

中國近代歷史城市指南

City Guidebooks of Modern China: Suzhou Section

蘇州篇

旅蘇必讀（1922）

旅蘇必讀

吴縣陸璇卿著

吴縣市鄉公報社出版

編著人陸鴻賓璇卿小像

歷史

陸璇卿，年六十九歲，吳縣學附生，長洲縣照會充當城內文一二圖董事，師範傳習所畢業，撫院■■■等給予畢業文憑，勸學所公舉一任調查員、兩任評議員，長、元、吳三縣照會充當蘇城南路勸■。■■二年教育會公舉評議員，小學堂章總理派充奏辦第十六區小學校正教習，連任四年，充當拒煙拒賭會員分赴各鄉演說。長洲縣照會充當十五都區董事。庚戌年自治甲級選舉，長、元、吳三縣照會充當城自治議員，連任二年，吳縣保送蘇省自治研究所學習期滿給予文憑，隨辦七省賑捐出力，撫院寶給予五品翎頂功牌。創辦雙桐女學總理兼修身教員，江蘇法政學堂學習，莊代理都督開辦演講社編輯員，吳縣初選區監督宗委任衆議院、省議會第一投票區管理。■■監獄改良協會江蘇支部充當會員，吳縣金墅鄉董派充學務課員，吳縣宗改為學務委員，上海■■典獄長敖派充會計科長兼看守教練所教員，吳縣修志局長曹函訂名譽採訪員，南京南方■■■■報、常州晨鐘報、無錫錫報、上海商報各報社訪事員，吳縣市鄉公報駐社交際員。

彌羅寶閣　在元妙觀

已於民國元年八月十七夜

被燬

茲覓得舊時攝影以誌紀念

三清殿　在元妙觀

蘇州府城隍廟大殿

萬年寶鼎
在府城隍廟
大殿天井內

虎邱山

眞孃墓
在虎邱山

擁翠山莊
冷香閣雪景
在虎邱山

二仙亭劍池
在虎邱山

千人石生公講臺

在虎邱山

留園

在閶門外五福路

滄浪亭

在三元坊

拙政園

在迎春坊

雙塔貢院

在定慧寺前

府學

在盤門城內

無量殿

在盤門

吉公祠

在山塘

鐵令關

在楓橋

寶帶橋

在葑門外

石湖二陸墓（缺頁）

觀音山

在木瀆

天平山

在木瀆

登天平路

卽一線天

高義園牌樓

在范坟

敵樓

在木瀆塘

靈巖山鐘樓塔

在光福

韓蘄王碑

在靈巖山

中興佐命定國元勳之碑

癡漢等老婆靈巖奇石

烏龜望太湖靈巖奇石

玄墓山聖恩寺
在光福

郁泰玄墓
在光福

司徒古柏 清奇古怪

旅蘇必讀初版首集目錄

蘇州吳縣陸鴻賓璇卿編著

旅蘇必讀初版二集目錄

各項營業

典當	銀行錢莊	金號銀樓	絲紗廠
火柴廠	紙版廠	綢緞莊	珠寶店
米行	醬園	布廠	木行板棧
布店	洋貨店	冶坊桐油	豆行
酒行	煤油公司	油行	電燈廠
藥房	麵粉廠	碾米廠	汽水廠
燭皂廠	保險公司	顏料	漆店
洋機公司		繡貨	水坭石子公司
眼鏡鐘表		香烟公司	紹酒店
書畫家	書坊	紙店	糖果
轉運公司		彩票號	

旅蘇必讀初版三集目錄

律師姓名地點電話		現行訴訟費用規則	
訴訟狀封面		民事	刑事
西人醫院		東人醫院	中人西法醫院
西法醫生		西法產科女醫生	
中醫		男女大小傷寒方脈	
內外科	內科	女科	小兒科
痧痘幼科	傷科	眼科	瘋科
走馬外疳			
各大旅社		西式旅社	

旅蘇必讀初版四集目錄

序言

李伯蓮先生序

東南之勝推蘇杭，杭之勝在西子一湖，殆為後起之秀，蘇則沿革較古，山川景物，尤饒史趣。蓋蘇垣築自吳王闔閭，閱時千百載，城郭依然，邱陵猶昔，湖山之勝，風物之美，既甲于吳，亦軼於浙。用是每逢春秋佳日，山塘七里，游人如織。而四方人士之來游天平、穹窿、靈巖、諸勝者，尋幽探奇，踵趾相接。顧少佳籍，無足為游觀之助。郡志一書，龐然巨帙，殊不適旅行之用。璇卿陸先生有鑒乎是，積經年之力，纂成旅蘇必讀一書，凡十餘萬言。上自典要，下迄名勝，旁及物產交通，靡不畢載。既賅既博，亦典亦雅。視蘇州指南等作，蓋有上下牀之別，書既成，為弁數言，以告世之問津者。

顏忍公先生序

吾人欲知上下五千年之成績，不可不閱有系統之史乘；欲知縱橫四萬里之方域，不可不閱有經緯之輿圖。然則欲知一城市、一鎮鄉之名勝古跡，詎可不閱一種極詳明極正確之專書乎。吾友陸君璇卿，行年七秩，而精神矍鑠，步履健捷，有若少年。自前年邀請襄辦本社報務，亦頗賴臂助。有見夫蘇城商市之日見興盛，交通之日見便利，旅行來蘇者，輪軌交接，不絕於道。每有名人士夫，到蘇後兢以採訪名勝及流覽古迹為事，而惜無專書供其嚮導。坊肆間出售之蘇州指南等等，又皆略而不詳，錯漏百出，未足為旅行之助。論者惜之。陸君因竭十餘月之力，窮搜博采，凡他書之已載者則為之加註，未載者則為之補錄，都凡十餘萬言，直可為風土紀之巨觀。吾知此書一出，豈但旅蘇者視為寶笈，即非旅蘇人之有志掌故者，亦未始不足供撰述國史及家乘之一大參攷也。書成，索序於予，因為之叙述概略如上，若謂為序，則吾豈敢。

自序

東西各國，通都大邑，無不有專書紀述，為過客之指南。上海歐化，開通獨早，指南一書，久以通行，出版已十餘次，出書已數萬册。吾蘇為省會之區，名勝古迹，指不勝屈，而於旅行指南一書，尚賦闕如。凡游子過客，來蘇旅行者，道路不熟，語言不通，每致迷途，而悵無所至。有興而來者，不免敗興而返。心介顏君，有鑒於此，一日謂余曰，子姓陸，陸為眞蘇州人，況今年將七旬，幷任吳縣修志採訪之職，而於蘇州境轄、山川、名勝、古跡、人文、田賦、物產、風俗、習慣，雪亮於胸，曷不筆之於書，以餉中外賓旅。使旅我蘇者，可按圖索驥，藉作游覽之指南，得以享賓至如歸之樂。予迺應之，就胸中所有者，筆之於書，名曰旅蘇必讀。其有未能確信，可徒步以往者，必策杖親自造訪；其有遠隔山水，亦必買棹以往，得其實在。或訪諸父老，或考諸古書。旁徵博引，細心調查。時屆一載，此書迺成。吾願讀吾書者，不以吾言為河漢焉可。璇卿自敍。

旅蘇必讀初版

旅蘇必讀初版

蘇州吳縣陸鴻賓璇卿編著

歷史沿革

蘇州在南京省城之東南，相距五百八十八里，當北緯三十度十二分，偏東四度一分，離北京二千七百二十里。北枕大江，西南濱太湖，羣山簇擁於其西，重湖環抱於其東，靈秀之氣鬱為人文，駸駸然有懷新之象，風俗清嘉，物產殷阜，財賦甲天下，固一大都會也。其廣袤東西二百有六里，南北二百四十四里。吳本荊蠻，未通上國，唐虞之際，禹治洪水嘗躬歷揚州之域，浚三江、定震澤，而文化猶未興焉。自泰伯適吳，以周禮化民，漸變其俗。武王封周章於吳，一小國耳。至春秋時吳子壽夢兼幷諸蠻夷，於是始大。闔閭嗣位，創築都城，即今蘇城也。

越王句踐嘗受辱於吳，臥薪嘗胆誓報國仇，卒襲吳而滅之。歷一百四十年，越又為楚所滅。

楚考烈王封春申君黃歇於吳，秦始皇滅楚置會稽郡治吳。

秦二世元年，楚人項梁與兄子項籍起兵於吳。

漢高祖五年，滅項籍，定會稽，以其地封楚王韓信。六年立從兄賈為荊王，改會稽為荊國，都吳，後復為會稽郡。

後漢順帝時分浙江以西置吳郡，以東為會稽郡。

漢末孫策定江東，權繼之，都建業，即今江甯府。國號吳，吳地悉屬焉。

晉武帝太康初平吳，以吳郡屬揚州刺史。劉宋時仍為吳郡，齊、梁、陳皆因之。

隋文帝開皇九年平陳，廢吳郡改州，曰蘇州。蘇州之名自此始。

唐有天下，因而不更。及其末年，楊行密等屢陷蘇州，吳越王錢鏐討平之。

宋順帝興，錢俶納土，仍為蘇州，屬兩浙路。景佑初范文正公仲淹知蘇州，首建郡學，即今府學。

元始祖入中原，至正十三年改平江路，置總管府。

元順帝至正間，張士誠據平江路。

明太祖元年，徐達等執士誠，改平江路為蘇州府。

永樂初，浙西大水，命夏原吉濬吳淞江下流度地為閘，以時蓄洩，復浚白茆塘、劉家河、大黃浦以疏支流，農田大利。

嘉靖中，倭人即日本人迭犯常熟、崑山、蘇州等處，其患久而始息。

清順治二年，江南平。雍正二年析長洲地置元和縣，割崑山地置新陽縣，分常熟地置昭文縣，裂吳江地置震澤縣、吳縣、太湖廳，仍舊共領廳一縣九。

咸豐十年，遭洪楊劫，城陷，巡撫徐壯愍公有壬殉之。同治二年，巡撫李文忠公鴻章克復蘇城，成平奏減重賦，與民休息。至今日而民力又困矣。

光緒二十二年，城南青陽地開闢商埠，由沿城脚之相王坟對岸起，分界西為商務局地、界東為日本租界，惟沿河劃出十丈仍為中國界。

光緒末葉，又分太湖地置靖湖廳，以一府統九縣二廳。

民國建元，併長洲、元和二縣，太湖、靖湖二廳，歸吳縣；併新陽歸崑山縣；併昭文歸常熟縣；併震澤歸吳江縣。東至太倉州一百零六里、東南至松江府華亭縣一百二十六里、南至浙江嘉興縣九十四里、西南至浙江烏程縣一百五十一里、西至常州府宜興縣一百里、西北至常州府無錫縣四十九里、北至江北通州一百五十里、東北至常熟許浦港口百七十二里。

境轄形勢

蘇州水港浩繁，田塍交錯，不可勝紀，而其總要樞紐所當控扼者，不過一十四處。自海口而入，則嘉定之吳淞江、黃窪港，太倉之劉家河、七了口，四者其險要也。自大江而入者，則常熟之福山港、許浦、三丈浦，三者其險要也。此皆蘇州險要之在外境者也。腹內險要亦有七，在南方則吳江之平望，元和之周莊；在東南則元和之陳湖，崑山之磧澳、安亭；在北方則長洲之蠡口、望亭，吳縣之太湖、洞庭兩山是也。

山水

吳中無高山峻嶺，其大者曰陽山、穹窿、天平、岝㟧，俗名獅子山、鄧尉、靈巖、西脊、銅井。而虎邱、支硎亦為勝地。其山脉之蜿蜒北出者，至常熟為虞山，其餘如洞庭東、西兩山暨黿山等，均在太湖中。馬鞍山在崑山城內。

水之最長者為大江，自江陰流入，經常熟縣界而東入海。運河自浙江而北，直貫全境。吳淞江承太湖下流，自吳江垂虹橋入元和界，抵崑山曲折而東，經安亭、黃渡入上海之黃浦，而歸於海。婁江自府城婁門外東流四十五里，亦入崑山縣界滙合諸流，其勢益盛，至太倉界為劉河口以入海。其餘如陽澄湖在長洲縣治，黃天蕩、金鷄湖、獨墅湖、尹山湖、沙湖、澄湖、澱山湖在元和縣治，吳淞江、三江口、四江口在崑山縣治，鹿苑港口、白茆港在常熟縣治，龐山湖在吳江縣治，大村觜、亭子港、陸家港在震澤縣治。

人文

蘇州為江南一大都會，而長洲、元和、吳縣為附郭。首邑人才輩出，滿清一代仿明朝制以科名取士，而二百六十年中若名卿相、若賢督撫、若循吏若儒林，出於長、元、吳三學者蓋不知凡幾。自順治三年丙戌科會試至光緒三十年甲辰科止，凡一百十有二科，江蘇狀元自順治丁亥無錫呂宮至光緒甲午通州張謇止，共四十九人。而蘇州長、元、吳三縣得十有七人，亦可見江蘇人文之盛，而我蘇三邑為尤甚也。更又進言之，十七人中姓陸者竟得其三，陸為眞正蘇州人，正不愧三吳為人文之淵藪也。唯亭古無潮汐，宋紹興間有道人云潮到夷亭出狀元，後潮忽大至，知縣葉子強乃築問潮館於水濆。

狀元十七人

姓名	科分	藉貫
陸元文	順治己亥	長洲復姓徐
陳戍	康熙癸丑	長洲歸宗更名韓菼
陸肯堂	康熙乙丑會狀	長洲
繆彤	康熙丁未	吳縣
彭定求	康熙丙辰	長洲
王世琛	康熙壬辰	長洲
彭啟豐	雍正丁未	長洲
陳初哲	乾隆已丑	元和
石韞玉	乾隆庚戌	吳縣
吳廷琛	嘉慶壬戌會狀	元和
吳鐘駿	道光壬辰	吳縣
陸潤庠	同治甲戌	元和
張書勳	乾隆丙戌	吳縣
錢棨	乾隆辛丑三元	長洲
潘世恩	乾隆癸丑	吳縣
吳信中	嘉慶戊辰	吳縣
洪鈞	同治戊辰	吳縣

榜眼五人

姓名	科分	藉貫
繆曰藻	康熙乙未	吳縣
吳毓英	嘉慶辛未	吳縣本姓王
鄒福保	光緒丙戌	元和
徐頲	嘉慶乙丑	長洲
馮桂芬	道光庚子	吳縣

探花七人

姓名	科分	藉貫
秦鉽	順治乙未	長洲
徐乾學	康熙庚戌	長洲改歸崑山
彭甯求	康熙壬戌	長洲
吳廷楨	嘉慶辛未	吳縣原名貞
吳蔭培	光緒庚寅	吳縣
潘世璜	乾隆乙夘	吳縣
潘祖蔭	咸豐壬子欽賜舉人	吳縣

會狀及第，滿清一朝僅祇十一人，而蘇州得其六。

姓名	科分	藉貫
韓菼	康熙癸丑	長洲
陸肯堂	康熙乙丑	長洲
錢棨	乾隆辛丑	長洲
彭定求	庫熙丙辰	長洲
彭啓豐	雍正丁未	長洲
吳廷琛	嘉慶壬戌	元和

三元及第

姓名	科分	藉貫
錢棨	乾隆辛丑	長洲

田賦

東南田賦以吳郡為最重，自南宋迄明季，民受其害不能殫述。清雍乾之際，迭議蠲減，民困稍蘇。而道光兩次大水，厥後又遭兵燹顚連，窮苦秏矣危哉。同治五年郡紳馮桂芬、顧文彬籲請大吏奏蒙普減浮粮，核定新科歲漕轉輸共徵米五十五萬九百三十二石有奇。今據各屬額數列表如左：

各屬名稱	核減浮數 萬千百十石　斗升合勺	實征額數 萬千百十石　斗升合勺
吳縣	二七六四七、九八四五	四六一九五、三二五八
長洲縣	四九五九三、一四二九	六五四九四、八一九三
元和縣	四七八九一、三四九八	六一九四一、二二六七
崑山縣	二八五三八、九五七一	六二一六九、二九一七
新陽縣	二九八九八、一二七三	五一四三六、〇八四五
常熟縣	三一二一六、八三三二	七七四七三、四〇八八
昭文縣	二三五五七、五七二九	六三九七九、五三六五
吳江縣	四一五九四、〇一五六	六二二二六、〇一八二
震澤縣	四六〇一五、三五一〇	六七五二二、三一九八
太湖廳	〇〇八五九、〇〇七七	〇二四九四、五七八五

物產

蘇屬各地土脉膏腴，五穀麻枲、蔬菜瓜果、花木桑竹之屬，無有不備；鱗介之類，充牣闐溢，不可勝計；而蠶繭尤為大宗，布帛紗羅，馳名遠近，百工技藝，素稱奇巧。近更創建紗廠、絲廠，以機器紡繅製造之品，當日有進步焉。

龍腦薄荷	蘇州特產。出府學龍門邊，其形如龍頭，移種他處卽變其形，此係貢品，如他省之欲購此薄荷者，必須隔年預定。
螺春茶葉	洞庭東山特產，前清貢品。
芝蘭花	虎邱特產。五、六月間虎邱各花圃于天方明時將花摘下，裝置籃中，有花主估價秤賣，各茶葉行客為窨茶之用。
茉莉花	虎邱特產。五、六月間虎邱各花圃于天方明時將花摘下，裝置籃中，有花主估價秤賣，各茶葉行客為窨茶之用。
代代花	虎邱特產，仝上，近年新發明品。
玫瑰花	虎邱特產。四月中虎邱各花圃於天明時將花摘下，分送茶葉、香粉、糕糰、糖果等店，均皆收買儲藏以備一年之用。
桂花	光福天井特產。四、五月間先收梅子做成梅坭，然後至八、九月間方可收買桂花。
水晶楊梅	洞庭東山特產。
窰上枇杷	光福特產。
南蕩雞豆	黃天蕩特產。
南蕩鮮藕	黃天蕩特產。

虎口地栗	葑溪特產。以大指與食指相接，曰一虎口，極言其大也。俗名荸薺，蘇州貢品也。北京每個須銀一錢。
白花蓮蓬	黄天蕩特產。
三白西瓜	雪溝特產。
馬鈴瓜	常熟特產。皮薄而脆，肉甜而鬆，個子甚小，不及一斤。
巴盛金瓜	巴盛特產。皮色黃，肉味甜。
金瓜陽澄蟹	陽澄湖特產。
松花糖菌	蘇州特產。各山均有，在松樹下所出，秋時各僧寺院收買，以醬油、菜油煎之，儲蓄以備一年之用。
太湖蓴菜	太湖特產。
太湖蘿蔔	太湖特產。
蝙蝠糞	府學特產。名夜明砂出於府學大成殿入痧藥用必須隔年預定。
銅鍋鮮菱	八月中元，妙觀甬道傍隨燒隨賣，新鮮異常。
戈製半夏	戈氏祖傳秘方，在臨頓路，餘者均係冒牌。
宋製陳皮	宋氏祖傳秘方，在山塘大街宋公祠。
六神丸	雷允上秘製，為日本人一日不可缺之品。
九龍丸	雷允上秘製，專治楊梅、結毒，每人祗買兩服。
黑虎丹	王鴻翥、良利堂都有，專治外症，不收功效，敷之即愈，功效極為神效。
珍珠丸	沈氏祖傳秘方，在盤門新橋巷。
秘製肺露	張三和祖傳秘方，在平江路。
滸關名席	滸關特製品。
縴絲貢品	陸墓特製品。
五色羊毯	唯亭特製品。
蓬條	虎邱普濟堂貧人特製品。
乾濕蜜餞	前清吳縣貢品，野荸薺代辦。
花露梨膏	元妙觀文魁齋特製品。
水炒瓜子	稻香村特製品。
花生果酥	各處糖果店都有。
糖炒名栗	大成坊巷口露天攤。
梅醬名糖	觀山門口一枝香特製品。
玫瑰方糕	都亭橋桂香村茶食店。每年於五月中特賣，一個月限定，蒸數須隔宿預定。
香糟鰣魚	稻香村特製品。
蘇州船菜	蘇州花船均有，夏桂林為最佳。
橫涇燒酒	橫涇特製品。
五香野味	蘇城、元妙觀都有。

蘇城形式

蘇城橢圓，形式如蟹城，有八門為八足。東北為婁門；東為葑門；東南為匠門，即蛇門，又名赤門；南為盤門；西南為胥門；西為閶門；西北為平門；北為齊門。如蟹之有八足，獅子、虎邱二山為蟹二螯。古人因風水之說，恐蟹行動，故閉塞匠、平二門，去其二足，使不得行動。前年裝置電報、電話兩線，蟹被束縛，於古人立意尚不相背。迨清末葉開辦電燈，蟹見燈火，驟然行動，未幾而光復軍起，蘇城不為清有矣。尚有二泉，一在牛角浜，名七星泉，又名曲鱔泉，為蟹之臍水，甚臭穢人，不可飲。又一泉在大成坊巷口松鶴樓麵館內，名（待考正後下版補出），為蟹之嘴。元妙觀在城之中心，為蟹之兜。今二泉均皆閉塞，蟹無出納，已成死蟹。故督軍、省長均駐江寧，而蘇城遂為無聲、無臭之死蟹矣。

名勝古迹

八十餘處、圖三十餘幅在卷首。

七塔八幢九饅頭

蘇人相傳明劉伯溫軍師按蘇城風水而設七塔者，為北寺塔、大同塔均在西北街報恩寺內，北寺塔巍然獨立，人皆見之，大同塔在報恩寺後園，僅剩二層，在楞嚴經堂後，從藏經樓上以高臨下，即可望見。瑞光塔在盤門大街。雙塔在甫橋西街試院。左石塔在穿珠巷口，今已燬滅無踪。尚有一塔卽白塔子巷口之小白塔也。共成七塔，皆在城中，而虎邱塔、上方塔則不與也。八幢，一在西美巷況公寺之大殿天井內，一在石幢衖之寶藏寺內，一在蓮溪坊中，一在思婆巷口，一在恤孤局前，共為五幢。其三幢則予忘之矣。至九饅頭者，卽饅頭混堂也，其洗浴之池上面房屋形如饅頭，以磚盤砌，螺旋而上。清時尚有四處，一在大衞衖，一在過駕橋，一在天后宮，一在桑葉巷。洪楊刦後僅存桑葉巷一處，今為張姓購去改為祠堂，幷此一處而無矣。惟饅頭混堂相傳有窰神，後之起造混堂者率皆改造平頂，故饅頭混堂日少一日，為天然淘汰也。

元妙觀

在城之中心點稍偏東北，創建于晉咸甯，名眞慶道院。唐曰開元宮，宋曰天慶觀，元更名曰圓妙觀。明洪武間修和、希夷兩觀皆併入，由是而地益廣矣。清嘉慶間尚書韓葑等集資鳩工，大興土木，其所用大木係常熟福山海口為漁人網得，自拔木井運來，殿宇宏敞，百貨駢集，巾（算命、相面、拆字總稱曰巾行）、皮（醫病、賣藥、膏藥等類總稱曰皮行）、李（戲法四類總稱曰李子）、瓜（打拳頭、跑解馬總稱曰瓜子）無一不有，其餘如茶、酒、糖果、點心、食品、珍禽、草蟲、鬼臉、耍貨、窰器、書畫、口技、唱歌、說書、因果、演戲、魔術、修髮、剗脚，除上有房屋開店者不計外，其朝來暮去搭布棚而營業者為攤基共有一百另八個，以攤基之大小出租，價之多寡皆有一定之額數，向本按日由方丈收取。自道教公會成立，此項改歸公會收取。今又改為學款處收取，為學堂經費，眞三元不敗之好風水焉。

彌羅寶閣

在圓妙觀之北面九開間，三層殿閣。當建閣時，正樑短數寸，匠人乃一頭接以斧，一頭接以鑿，由是而得以完工。第一層供萬天帝主，左右供天將；第二層供萬星帝主，左右供二十八宿；第三層供萬地帝主，左右供六十花甲。末下一層左右均有轉灣石步，第二層木扶梯，西首扶梯對面有劉海像，相傳係仙人所畫，或又謂唐寅所畫。閣外中、東、西三面均有走廊，朝南正五間有露臺，高四、五尺，中供冲天鑪，高一丈五尺，餘露臺轉角石脚刻有圖畫四幅。中間及東、西兩面均有石踏步，中間踏步下左首，有半圓式石水盂，相傳係施良生眞人升仙得道處。羅臺左首與東嶽殿照墻後相隔僅尺許，只可一人行通牛角浜，名曰一人衖，民國九年為行路阻碍折寬尺許，現已有二尺餘矣。寶閣之朝北為七煞門，中為地母宮，永遠不開，相傳為道士捉住妖怪封閉之所。從六十花甲坐身走進右首，石踏步後首可轉至地母宮，此為道士秘密處，外人所不能踏到者。洪楊刦後，中右面被燬尤甚，惟左首一面三層上人尚堪登上，更添造瞭高臺兩層。清同治間浙紳胡君雪巖獨力重建，閣中塑像均復舊。貫民國元年八月十七夜，閣中忽然火起，無從灌救，盡成灰燼，可勝皓歎。茲覓得舊時攝影以誌記念。

三清殿

在圓妙觀之中心點九開間朝南，大殿柱皆用石，及彌羅寶閣共有石柱六十根，每根六面，均鑿有三百六十天尊聖號，適符三百六十面。中三間供三清神像，每位法身各佔一間，高有五丈，均金身塑像。時匠人立在肩上，尚未及神像之眉，其大可知。四面前後軒及兩次間均開設書畫店，朝北中一間供九霄天尊，殿外四面均有走廊；朝南中三間裝長窗，左右各三間，下砌墻上裝木柵以透亮光；朝北中一間裝長窗；朝南正五間有露臺高四、五尺，三面均有石欄融化生鐵搭住（所謂釘釘石欄杆是也），石欄外面均刻有圖畫。中間及東、西兩面均有欄杆，踏步五級，東、西兩次間走廊南面均有石欄，鑿刻圖畫。其第一層屋簷下有一匾曰妙一統元，相傳係金兀朮所書。洪楊劫後，佛像均被燬，正間西首步柱下被挖深潭數尺餘，柱脚宕空已陷下尺餘，幸此殿均以箕斗裝成，屋甚堅固，未經坍下。清同治間浙紳胡雪巖君獨力捐修，倩甯波匠用機器將柱絞起，墊平石磉，重塑三清神像。繼因民國元年八月十七夜彌羅寶閣被燬，道士重塑六十花甲星宿，暫假三清左右安置。每逢新年及六月，男女進香甚為擁擠。有洪鈞老祖碑甚工細，金石家每來摹，搨銷東洋莊，極廣而方丈道士處亦有搨存可買。

方亭　六角亭

方亭在三清殿露臺東，前清時已僅有基址；六角亭在三清殿露臺西，洪楊之刼被燬。今兩亭基址已燬滅無踪，現在之六角亭有四只，均係賣香烟人租地自造，並非舊址。

壽星殿

在三清殿西偏中，供壽星像，係前清郡紳耆老每逢萬壽及元旦、冬至、令節在三清殿朝賀拜牌，以壽星殿為休息之所。洪楊之劫被燬，清同治間郡紳捐資重建。

妙一統元匾

在三清殿上，不知為何人手筆，並無下款，或謂係金兀朮所書。久經風雨被毀，擬重修之。而妙一之一字被毀盡淨，毫無形迹，難以摹仿，屢請名人補寫而終不合格。有一鄉人曰我能為之，試之果然如出一手，蓋此鄉人每日擔柴進城叫賣，賣去後必至元妙觀露臺游玩，天天如是，風雨不更，為所習見，故能作此，然亦奇矣。

一人推得倒

在三清殿東偏四圍黃墻中有青石大碑一，高二丈餘，闊八尺餘，係前清御碑。相傳此碑竪立時有一老人在傍曰，一人推得倒，萬人吃不了。一轉瞬而老人已不見，故即將此碑四面圍以短墻，使人不得入內，以為禁地，免出意外。傳至今因無人入其中，弄蛇乞丐捉住毒蛇，有人出錢買放者即將此蛇甩入此圍墻內，昔為禁地，今為蛇穴矣。

運木古井

在蓑衣眞人大殿天井內有井一口，上有井亭額曰元都第一景，施起鵬題。中有斜橫木一根橫其中，相傳係起造三清大殿及彌羅寶閣屈乏木料，施良生眞人布施法術云，有木自井中出，適敷建築殿閣之數，堅囑工匠拔木時切勿多言。不意有一小工在傍曰，今日之木何以拔不完，不意此語一出，而井中之木已如生根堅拔不起，及之量材使用缺少正樑一根，即現存井中之木。度量他木終嫌短小，工司乃一頭接以斧，一頭接以鑿，由是而得以完工。前清時人皆見之，惜乎今已被燬，無從考證矣。而井中之木亦自被燬之日失去，前清時人皆見之。自民國元年八月十七彌羅寶閣被燬之前數日夜間，井中有聲嘈雜，不幾日而寶閣被焚，初亦不知其木之有無也，後有一外省考古人到來觀看，而此木已不知去向矣，究未知何時所去。

鹹鯉魚放生

在三清殿後彌羅寶閣前，有半圓式石水盂，濶四尺，長倍之，相傳為施眞人肉身成果處也。眞人施姓，道號良生，木瀆善人橋農家子，無父，其母年十六、七早起往河埠浣衣，見上流氽來一蛋，撈歸煮食，因而有賑，閱十二月產下一男，鄰人呼之曰無爺男。母因羞自盡，穹窿山道士憐而收之為徒，矢志煉習道成，能遣神召將，有桃木長方印一顆。前清藏元妙觀方丈中，驅鬼、逐疫獨著靈異。一日眞人在市上買一鹹鯉魚人，問以何用，施答以放生。夫鹹鯉魚放生，不知死活，此吳中之俗語也，人奇之，乃從之行，及至盂卽以鹹鯉魚入其中，始則圉圉焉，少則洋洋焉，悠然而馳，施眞人則乘其背冲霄而去。

釘釘石欄杆

在三清殿露臺上，三面石欄杆及左右兩面之踏步均有石欄，皆以生鐵鎔化交住如釘釘然，故曰釘匕石欄杆。

一步三條橋

在三清殿露臺下左首地上有青石一，並三條如橋，面橋下無水，一步卽可跨過，故曰一步三條橋。

劉海畫像

在彌羅寶閣之第二層扶梯轉灣處迎面墻上有墨筆畫劉海像一幅，相傳係仙筆，或云係唐寅所畫，活潑如生，任將石灰水罩刷，終不能滅其形迹。洪楊刼後，殿閣雖有損壞，而劉海未燬。清光緒中浙江富紳胡雪巖君獨力捐修，仍復舊。貫民國元年閣中忽然火起，寶閣全行被燬，而劉海亦從此遭刧矣。

朝北銅殿

在元妙觀內上首祖師殿天井中有長方石臺一只，高五尺，東西寬六尺，南北徑四尺，雙細金山石砌成。上置銅殿一座，自頂至足高三尺八、九寸，東西寬四尺，南北三尺，出沿兩層形式，如三清殿。中供祖師，凡殿皆朝南，而此殿獨朝北，亦元妙觀之一景也。其正殿朝南中亦供祖師其像及聖公、聖母暨四將，本身皆銅質，內惟一尊係泥身而外罩以彩色，有日人願出善價而沽之，而道士未為所動，亦近今之所不可多得者，併以記之。

石刻畫像

三清殿及彌羅寶閣之石駁脚並石欄杆上均有鐫刻極細畫像，人物、走獸、飛禽、水族等，相傳有三十多幅，其中最佳者為封侯掛印圖碑帖，店家每搨以售人，並銷東洋莊云。茲將處所開後：

三清殿朝南左首走廓石欄干上，自東至西均有橫幅：（一）猴二立在石上，左一樹，右一山峯；（二）游龍戲珠望東行；（三）左一大尾獸自山上奔下，右一鷹左顧在半空飛翔，如有直撲此獸之勢；（四）一人在山洞觀瀑水盤曲而下；（五）五人騰雲望西行，第一人兩手托盤頂頭上，第二人手執旗，第三人手執杖，第四人執朝笏，第五人手披書卷；（六）一人着甲騰雲望西行，左手執鞭狀甚威武；（七）一獅向西行，回首望後；（八）一獅口啣一帶，帶上繫一球，前兩足抱球。又右首：（一）兩虎對立，中豎一石；（二）右一飛鷹，左兩鹿在石坡上；（三）左一亭，中一樹，右一鳳立地上；（四）一龍望東行，中段在水中，後現一魚尾，背後一小魚在水中升首，如將跳躍狀；（五）左右兩鹿，中隔一山；（六）梅樹一，枯上有二鳥；（七）右一人坐山石上，手執一杆，如吊魚狀，左一麒麟；（八）中一鹿，兩面均石。又露臺朝南欄杆上：（一）一老人執杖前行，後一老人携一童相隨行，左為一山，山上有一亭；（二）左一人坐屋中，前有一桌，桌上有一紙，中間一小亭，右有三人望東行，前一人為男，中一人為女，似主人，末一人手撐傘相隨似下人。彌羅寶閣露臺兩面轉角處墻脚上有豎畫四幅：（一）東首轉角朝東（見下上海廣倉學會金石誌第三幅）；（二）朝南一蕃人，兩手托一盤，盤盛元寶三只，上有火燄；（三）西首轉角朝南（見廣倉金石誌第一幅）；（四）朝西（見廣倉金石誌第二幅）。又北面七煞門踏步左右欄左邊朝東面，一人騰雲望南行，後二人跪地作送行狀；右邊朝西面石已兩段，南半段（見廣倉金石誌第四幅）中間為荷花，北半段一漁翁坐船頭垂釣。

附錄上海廣倉學會金石雜誌

金石雜誌丁立誠先生有記云，元妙觀石畫搨，本畫凡四幅，錢笣仙丈振常所贈。第一幅畫蕃人屈一膝，首載一盤，盤盛珠三，上有隸書九文曰，太元八年癸未八月造。第二幅畫樹一猿二，一猿在地作人立，一猿升樹，樹綴蜂窩，為封候掛印圖。第三幅亦畫樹一鳥二，下有坡陀大石，隱約莫辨。第四幅畫亭一，一人憑闌席地坐衣角，露亭外下有池，大鯉魚躍出水面，旁有隸書像一區三字，餘約三行十餘字，文不可辨。四幅字畫皆陽文，石立蘇州元妙觀，奇石可愛，疑是古人祠堂石室中物。若梁武帝祠畫像之比，此刻係晉及六朝人所作耳。

蘇州府城隍廟

在蘇城之西南流化坊北，始建於吳赤烏二年，由唐以來代有頒封，趙宋時勅封忠安王，嘉泰三年加封順應，嘉定九年加封威顯，寶祐三年加封英濟，明洪武五年封威靈公，清光緒御賜府城隍神崇臺鞏護匾額，並加封沛澤，長洲縣城隍神茂苑垂慈匾額，並加封靈應，元和縣城隍神繡壞敷仁匾額，並加封保民，吳縣城隍神胥山永固匾額，並加封綏猷。太守魁元為之記，時司其事者為陸承恩、沈漳，其地為周瑜故宅，寬三十三畝，有奇老柏古井依然尙存，柏為公瑾手植，井其故物，其水清冽，有周南老題碑曰寒泉。明洪武及宏治間均皆修葺，有少傅王鏊碑記其事。清順治十一年巡撫張公中元捐俸增修，康熙六年陳公鵬年來守是邦，重加修整。乾隆戊申大中丞閔鶚元、方伯奇公豐額捐俸倡修。光緒二十八年太守向萬鑅飭司董陸鴻賓等募捐，重修廟中道院有三，曰中和、曰東明、曰西昇。藥葫蘆道人金鼎，道號秋鶴，丹成明永樂間，甲辰坐化于虎阜之西南，即成仙塚，遂稱之曰葫蘆墩墓，有碑文曰葫蘆仙人墓。道洪楊劫後，道院坍塌不堪，住持道士率皆庸落，四十餘年一如故。吾自徐冠如道士接手住持十餘年來辛勤勞苦得來香金俱歸公用，逐漸修築，正落三進及傍落均皆煥然一新，而已則仍兩袖清風並無私蓄，即其經手廟務，近年自大殿等處募資修理重塑神像等等用去三千餘金，皆為冠如募化而來，眞道士中之不可多得者。

萬年寶鼎

高二丈數尺餘，分為五節。第一節為葫蘆頂，第二節為六角亭頭，第三節為香眼，第四節裝兩耳，第五節為爐身。週圍二丈一尺餘，徑七尺零，朝北面，萬年寶鼎四大字朝南面。二龍戲珠，三足均有獸頭，二龍及獸頭上為人摸抄，光澤可鑑，為大江南北第一大鼎。惜裝耳之第四節遭洪楊劫被燬，光緒建元司董陸承恩、沈漳集資配鑄，雖仍復舊貫，然色澤粗細遠不及前。外邦人來蘇游歷輒帶攝影機照相，均皆模糊，從未照成，逐加研究，緣是鼎日間進香人衆香烟籠罩終年不息，兼之樹木叢茂濃蔭蔽日，故攝影每致模糊，或謂寶鼎通靈不願為外人攝去，爰商之攝影大家葉柳村先生於夜間以電光攝之，乃得此像。爰書數語以誌之。

虎邱山

山在閶門外，自山塘橋起至虎邱正山門，計山塘七里，現在計畫自留園馬路接通，另築一馬路，一俟組織成就，便可直達虎邱。古名海湧山，又名虎阜，高一百三十尺，周圍二百十餘丈。相傳吳王闔閭故後葬此，三日後有虎踞其上，故名虎邱。

郡厲壇

在虎邱頭山門內右偏，前清上、中、下三元令節，蘇府及長、元、吳三縣知事前往主祭。郡厲壇無祀孤魂，城內土穀神祇前往彈押，陸續到壇約有三十多尊。

鴛鴦塚

在虎邱頭山門內二山門外甬道之右，相傳係長洲蠡口人倪士義同妻楊烈婦之墓。明崇禎十四年倪士義被誣寃死，其妻楊氏絕食七日而亡，築墓虎邱。大吏聞於朝，賜鴛鴦二字，故曰鴛鴦塚。洪楊刼後僅存古鴛鴦塚小石碣一塊，長不滿三尺，倒於蔓草之中，現為保墓會會長吳探花蔭培訪悉，重為築墓並建亭於其上，併題一聯云，身膏白刃風猶烈，骨葬青山土亦香。

斷樑殿

二山門之正樑中斷，係兩接生，亦虎邱之一景也。

試劍石

在眞孃墓之左，列國時干將、莫耶煉雌雄二劍献與吳王闔閭，吳王仰天暗卜，卽以劍試石，石卽分為二。

眞孃墓

眞孃吳之名妓也，本姓胡，係良家女，父母故。悞落奸人手，遂入煙花，或歌一曲或賦一詩，守身如玉從不留髠。一日有客王蔭祥擬留宿，鴇婦已允，眞孃偽許之約，以明晚客去卽投環死，明日客來竭力棺殮，誓不再娶，築坟以埋之，並建亭於其上題曰，眞孃墓李祖年集吳夢窗詞句以為聯，上聯曰，半邱殘日孤雲寒食相思陌上路，下聯曰，西山橫黛瞰碧靑門頻返月中魂。

憨憨泉

在擁翠山莊下，一泓秋水清潔異常，能醫目疾，相傳為梁時憨憨尊者遺迹，恐人蹧塌，築亭以護之。

千人石

在生公講臺畔有大石一塊，不生一草，其廣可容千人，或又云吳王闔閭築墓成，斬坟工千數於此石上，故曰千人石。未知孰是。

生公講臺

在五十三參之下，相傳晉僧人生公聚石為徒講經說法，頑石皆點頭，故旁有點頭石，即在蓮花池中，李陽冰篆有生公講臺四字。

五十三參

自生公講臺畔至大殿，計石級五十三層，取佛經五十三參，參參見佛之意。

劍池

在千人石之側，相傳闔閭葬時以魚腸等劍殉葬，中有機關，故池以劍名。兩崖劃開，中涵石泉深不可測，李秀卿品為天下第五泉。唐顏眞卿書虎邱劍池四字，石刻猶存。又相傳虎邱二字已非顏眞卿原書，為後人模仿補鐫，故吳諺有假虎邱一語，即此意也。

蜓蝣石　即枕頭石

在二山門內右邊，形如蜓蝣，晉高僧生公嘗倚此石看經，倦時即枕石而臥，故又名曰枕頭石。

雙吊桶

在劍池兩崖之上，跨以石橋，鑿井欄二，橋上建亭，亭上設轆轤，掛以吊桶一上一下以便取水，是為雙吊桶。洪楊之刼被燬，迄未建復。

二仙亭

在劍池傍，以石為亭，中有石碑二，刻陳搏、呂純陽二人像，係名人所繪，有聯云，夢中說夢原非夢，元裏求元便是元。

陸羽石井　即鐵花巖

在劍池右，口方丈餘，四旁石壁，泉甘冽，石壁上鐫第三泉三字，為陸羽所品定，清乾隆所題書，此石壁古名鐵花巖。

望蘇臺

在大殿之東南隅，築屋於石壁之上，曰望蘇臺，今曰小吳軒，仍其舊也。登臺一望，雉堞皆在目前。

石觀音殿

在陸羽石井之前，即就本山石鑿成觀音像，上蓋以屋，為觀音殿。兩傍石刻大字經典計四十餘行，為宋名人所書，一人寫一行，並有顏魯公、申元宰二人碑記。惟前清兵燹時曾遭火刼，石質不堅，字多殘缺。

擁翠山莊

在冷香閣之前，為前清洪殿撰文卿及其同人所建築，門首有四石碑刻龍虎豹熊四大字，甚為雄壯。左鄰眞孃墓，下臨憨憨泉，故有聯云，香草美人心百代艷名齊小小，苑亭花影宿一泓清味問憨憨。

冷香閣

在石觀音殿之右，為近年費君仲深、汪君鼎及吳君蔭培集同人所新建築，高樓五楹，周圍樹紅綠梅三百株，遠望太湖，沙鳥風帆歷歷在目，凡遠客之來蘇旅行者無不流連忘返。上年有日人角間孝二郎來蘇旅行，帶有鳥鎗，適有軍人胡宗漢者亦在坐，身倚南窻被日人開鎗悞傷，當時倒斃，雖經我蘇人開會與之嚴重交涉，然僅賠洋九百九十元，來游是閣者無不憑吊唏噓，歎我國之衰弱也。當時開追悼會，虎邱山塘途為之塞，幾有萬人云。

虎邱塔

在山頂，共有七層，隋仁壽九年所建，其基為晉司徒王珣琴臺建塔時掘得古磚，函內藏銀合護舍利一粒，落成時仍置塔中。楊洪刦後塔外屋檐欄杆皆燬，迄未修整（以上各景均在虎邱山）。

滄浪亭

在府學東，宋蘇舜卿子美傍水作亭，曰滄浪亭。紹興時為韓世忠所有，由元至明廢為僧居，嘉靖間改建韓蘄王祠，浮徒文瑛於大雲菴傍，復建滄浪亭。清康熙間商邱宋犖撫吳尋訪遺迹，復構亭於土山之上，得文徵明隸書滄浪亭三字，揭其眉。遭洪楊刦又被燬，清同治十二年中丞張樹聲來撫是邦，仍建亭於原所，並建五百名賢寺於亭之西南，中有明道堂，堂之北曰面水軒，藕花水榭皆臨水作屋，夏時荷香撲鼻暑氣全消，雷雨之後芒鞋蒲扇徜徉於紅欄曲橋之畔，眞南面王不易也。

留園

在閶門外五福路，俗稱留園馬路，昔稱花步里，明徐冏卿太僕東園，故址為清嘉慶初劉蓉峯觀察建築，中有十二峯，皆太湖之選。道光三年始開放遊人，名曰寒碧山莊，人卽以其姓名其園，曰劉園。洪楊刦後亭苑失修，光緒二年為常州盛旭人方伯所得，音同字異，易名留園。園之中部為涵碧山房，蘇撫張之萬有聯云，「卅年前曾記來游登樓看雨倚檻臨風俛仰已成今昔感，三徑外重增結構引水通舟因峯築榭吟歌長集友朋歡」。又全椒薛時雨有聯云，「迤邐出金閶看青蘿織屋喬木干霄好樓臺舊址重新儘堪邀子敬來遊元之醉飲，經營参畫稿鄰郭外楓江城中花塢倚琴樽古懷高寄猶想見寒山詩客吳會才人」。東部有枬木廳，額曰藏脩息游，園主人有聯云，「歷宦海四朝身且住為佳休孤負清風明月，借他鄉一廛地因寄所託任安排奇石名花」。又東首有極高太湖石三座，巋然兀立，中曰冠雲峯為最高，相傳為朱緬花石綱故物，今為盛氏供養，巍然獨立閱盡滄桑，七百年來不知看了化去青娥幾許矣，摩挲寒玉不竟感慨，係之左曰岫雲峯，右曰瑞雲峯，次之下有冠雲沼、金魚活潑，南有四面廳，額曰奇石壽太古。蘇撫張之萬敍云，相傳前明東園久廢，惟湖石一峯歷數百年巍然獨存，曩劉氏園中所未有也。朱霆清有聯云，「此峯疑天外飛來歷劫飽風霜敻絕塵寰誰伯仲，斯地為吳中最勝後堂饒絲竹婆娑歲月若神仙」。

府學

在盤門內護龍街南，為范文正公仲淹所造，時有勘輿家謂文正公曰，此地居龍之首，護龍街為龍身，北寺塔為龍尾，風水極佳，將來子孫科甲不絕，勸文正築宅以居之。文正曰，如此佳地於其為我私有，不若與蘇人共有之。乃造學宮，故蘇府文風最佔優勝。

怡園

在護龍街中魚郎橋堍，為顧文彬方伯所築，中有牡丹廳，原額曰看到子孫。時有人作吳諺以譏之曰，一心不忘甯紹台（暗藏怡字），看到子孫拆賣完。方伯乃易其名曰瓊島飛來。園內壁間石刻多米書，楹聯多集前人詞句，皆方伯所自作，其結構之佳，非胸有邱壑者不能。其西為祠堂、義莊以敬祖贍族，在尙書里住宅後門之對面。茲將聯語錄後：梅花廳事集辛幼安詞句，「古今興廢幾池臺，往日繁華，雲烟忽過，這般度院，風月新收，人事底虧全，美景良辰，且安排，剪竹尋泉，看花索句，重來天地一梯米，漁樵故里，白髮歸耕，湖海平生，蒼顏照影，我志在寥闊，朝吟暮醉，又何知，冰蠶語熱，火鼠論寒」。藕香齋集吳夢窗詞句，「流水洗花顏，擁蓮媛三千，誰道采菱波狹，紫霄承露掌，倚瑤臺十二，猶聞凭袖香留」。南雪亭集辛幼安詞句，「高會惜分陰，為我弄梅，細寫茶經煮香雪，長歌自深酌，請君置酒，醉扶怪石看飛泉」。閒鎖一壺幽綠集張玉田詞句，「移花檻小，密葉禽幽，伴壓架荼蘼，依約誰教鸚鵡，款竹門深，采芝人到，任滿身風露，姓名題上芭蕉」。四時瀟灑集張玉田史梅溪詞句，「石磴揭松陰，幾曲欄杆，古木迷鴉峯六六，烟光搖縹瓦，一屏新繡，芙蓉孔雀夜溫溫」。面壁集辛幼安周草窗詞句，「雲濶插天開，欲往何從，一百八盤狹路，湘屏展翠疊，臨流更好，幾千萬縷垂楊」。古松之陰集辛幼安詞句，「還我漁蓑，依然畫舫清溪笛，急呼斗酒，撙得東家種樹書」。雲外築婆娑集辛幼安詞句，「芳桂散餘香，亭上笙歌，記相逢金粟如來，蕊宮仙子，天風飛墮地，眼前突兀，最好是峰房萬點，石髓千尋」。繞徧迴廊還獨坐集辛幼安詞句，「紫苔蒼壁，曲徑疏籬，玉斧峭方壺，政爾橫看成嶺，酒令詩籌，芒鞵竹杖，歸路踏明月等閒，行盡長廊」。歲寒草廬集張玉田詞句，「竹邊松底，只贈梅華，共結歲寒三益，薜老苔荒，摩挲峭石，恍然月白千峰」。

獅子林

在城之東北隅潘儒巷內，畫禪寺法堂後墻外，湖石玲瓏，洞壑宛然。其大概分為水旱兩部，東為旱部，疊石高下，登降不遑；西為水部，曲折盤旋，有如迴文。元至正間天如禪師同倪元鎮及朱德潤、趙善長、徐幼文諸名士共商疊成，而倪元鎮為之圖，取佛書獅子座而名之，俗傳為倪雲林所築非也。中有獅子峯、含輝峰、吐月峰、立雪堂、問梅室、指柏軒、臥雲室、大石屋、小飛虹、修竹谷、玉鑑池、冰壺井諸勝。清乾隆二十七年曾幸其園，賜匾曰眞有趨三字。時有隨駕大臣求將有字賞給，乃去有字，賜匾曰眞趣。山上有合抱大松五株，後為黃小華殿撰住宅，已久廢。洪楊刦後僅存池石及松樹，今為貝氏所有。

拙政園

　　在齊門內跨塘橋迎春坊，明嘉靖中王獻臣御史所築，別墅門首有朱籐一架，蔭可五畝，係文衡山待詔手植。園中有連理寶珠山茶一樹，花時爛紅奪目，吳梅村先生嘗作長歌以記之。惟屢易其主，至清同治八年改為八旗奉直會館，宣統末葉正藍旗端午橋尚書撫吳修葺會館鐫石作記，以存古跡，今仍開放游人。

遂園

　　在慕家花園，前清康熙間巡撫慕天顏所築，後為畢秋帆尚書分其半，餘為雲南方伯董國華住宅，當時稱東園主人、西園主人。洪楊刦後董康伯先生服官京師，無暇兼顧，致為房族典賣殆盡，旋為劉氏所有，大興土木開通申衙前大街，改為遂園。園內有容閑堂、綠天深處、映紅軒、琴舫皆臨池，池廣闊，夏時荷花極盛且多佳種，春秋佳日開放游人，有光裕社名家評話彈唱，並有魔術雙簧以供衆覽。

鶴園

在韓家巷，始創於洪姓，曾作農務局，後歸於龐，復加修葺開放游人作避暑花園。午後四時有光裕社上等社員評話彈唱，生涯亦不惡，北面開通馬醫科巷作後門。

半園

在倉米巷中，前清溧陽史偉堂觀察倦游來蘇買地造屋，其宅之西偏有空地數畝，接近隆慶禪院，因購是地栽花種竹疊石濬池闢一小園，為晚年棲隱之所，名曰半園，極言其園之尚未完全，僅得其半耳。然園雖小，而建築甚精，若草堂之軒，暢君子居之淡泊四宜，樓之高爽，雙蔭軒之幽靜，不繫舟則曲水環抱，三友亭則孤峰高聳，有山、有池、有堂、有榭、有樓、有閣、有亭、有臺，眞以少少勝人多多者，春秋佳日開放游人。

七襄公所

在寶林寺東文衙里，為文文肅公徵明舊宅，繼為姜如農先生別墅，其正廳即文公讀書處也。園中有荷花廳，南面為池，池中荷花多異種，聞係太平天國軍人特自湖南移來者，為吳門之冠。池之南尤多假山，亭臺高高下下，四時花卉不絕，夏時綢業中人每多來此宴客，外人亦可借用。其餘若博雅堂、紅鵝館、愛蓮窩、乳魚亭、聽雨雙聲室俱屬勝景，亦一大好園林也。

吉公祠

在山塘普濟橋堍，亭臺、樓閣、樹木、花卉應有盡有，其最著名者為一旱船，與他處花園中之旱船不同，有十餘間。大小池中荷花紅白相間，夏時尤為合宜。前清時亦開放游人，今稍失修，然有人特訪，園主人亦呼僮煑茗，殷懃招接。

申氏念佛樓

明狀元宰相申文定公時行嫡母張氏太夫人長齋繡佛，有念佛樓，晝夜鐘聲佛號無間，寒暑足不下樓。是樓在西百花巷西口，今為蘇州總商會，每逢朔望仍香花燈燭供奉不衰。

穆素輝梳妝樓

在通和坊湖南會館戲臺之西北有園一角，不及一畝，中有池，四面均疊石成山。北首最高處倚墻作六角亭半只，上懸一聯並有題白聯云，「南部親張洞庭樂，西樓舊詠楚江情」，題白云今湖南會館相傳卽傳奇中所稱之西樓舊址也。辛未春正月李質堂軍門招集潘季玉、顧子山兩方伯及諸同人讌飲於此，季玉見歌臺尚無楹聯，即席口占云，西樓舊詠楚江情，方思屬對子山遽成上句，咸歎其工，切不能移易，一時遂傳為名對。軍門屬吳雲書之，並紀歲月。其西首臨池方亭為大仙亭，東首有小樓三壓，即穆素輝梳妝樓基址也，已坍塌不堪，原有聯額，無從查考，爰書數語以記之。

陳圓圓梳妝樓

圓圓本崑山人，陳姓，長身玉立，月貌花容，驚才絕豔，見者莫不歎為仙子，不敢平視。下嫁平南王吳三桂，三桂惑之，置軍事於不問，父被害亦不動，及圓圓為闖賊虜去，乃出師痛哭，六軍皆縞素，冲冠一怒為紅顏，為三桂咏也。家住桃花塢三板廠，有梳妝樓一角，今歸入袁順興水木作，主名袁士保，逢人能說當年韵事也。

猛將堂大蠟燭

在宋仙洲巷，每逢新正月上燈日（正月十三日），該廟住持以酬神為名開門任人入內，一般迷信男女之前往焚香膜拜者，擁擠異常，大有山陰道上應接不暇之概。每歲正月有燭業公所敬獻大燭一對，約有二、三十斤，並又有該廟道士裝成木質假燭，上截用瓦缽，外飾硃漆，形如百斤鉅燭，中點菜油。一般小販遍列各攤，游人頗形熱鬧，元宵尤甚。蘇城新年景中，猛將堂看大蠟燭亦元宵之一景也。

西園

在留園馬路之東，戒幢寺之放生池在也。園為明徐太僕西園故址，崇禎八年施捨入寺，興建命名曰戒幢，被燬於洪楊之劫，片瓦無存。清光緒初僧人廣慧募資重建，先建羅漢堂，堂中五百羅漢丈六金身，莊嚴輝煌，人入其中，往回曲折，如入八陣圖，無不迷途而重至舊路。進香善男信女轍指數羅漢左足先跨入者從左數起，右足先跨入者則從右數起，一、二、三、四、五數至本人歲數而止，觀羅漢之形容以卜流年之休咎，無不奇驗。其餘若大殿、方丈藏經閣、齋堂等次第落成，煥然一新，而頭山門亦已工竣，以一白地而興如是功程，斯眞佛法無邊矣。寺之東有一園曰西園，廣十餘畝，以水為主，卽放生池也。中有亭額曰月照潭心，聯曰，「聖教名言獨樂何如共樂，佛家宗旨殺生不若放生」。

寒山寺

在閶門外楓橋，離城七里，人力車可通。寺建於梁，名妙利，舊有塔七級，被燬無存，前清已莫知其迹。樓有巨鐘，相傳鑄於明嘉靖間，其聲蘇人呼為懊老來，為日人取去，近年日人摹鑄一鐘歸還本寺，懸於殿之左室內。洪楊刧後殿宇被燬，程德全中丞撫蘇，集資修葺，辛亥六月落成，內有文徵明、唐寅所書石碑，又有寒山拾得二尊者像鐫刻碑上，俗稱和合二聖。相傳二尊者原係七世寃家，後為豐干點化，遂成和合，蘇撫程德全有聯云，「遯跡笑豐干從知舌粲蓮花地近虎邱曾講法，宗風傳刺史幸得詩鈔貝葉刦餘龍壽共藏經」。又殿撰陸鳳石有聯云，「近郭古招提毗連滸墅名區漁火秋深涵月影，傍山新結構依舊楓江野渡客船夜半聽鐘聲」。

鐵令關

在楓橋傍與寒山寺相近。吳諺有云，六門三關。六門者閶、胥、盤、葑、婁、齊是也，至三關則滸墅關（原名青龍關）、白虎關（在普安橋堍）、鐵令關是也。

雞心石

在婁門城門洞中，直竪中央，擋住去路，行路者必繞道而過，相傳係劉伯溫築城時按下風水。清宣統二年城中居民每患足濕氣，忽有人傳說祗須括鷄心石粉以敷之，毋不立愈試之，果驗，於是括者日益衆，而胥門洋橋左右之花烟間亦日益盛，而風水之說應矣。

郝將軍賣藥處

在閶門外上津橋堍有石碑一座，中刻郝將軍賣藥處六大字，碑之左右刻小字云，郝將軍諱太極，雲南晉甯州人，天啟間奢安之亂守霑益有功，國變後流寓吳中，以醫隱於上津橋。顧亭林先生贈以詩曰，曾提一旅制黔中，水蘭諸酋指顧中，入麓廉頗猶善飯，過秦扁鵲更能工，風高劍氣蛉川外，水沸茶烟鶴澗東，橋畔相逢不相識，謾將方技試英雄。然蘇州郡邑志皆不之載，世變方亟，異日恐遂無此人碑以存之，聊誌遺跡云爾。光緒三十年甲辰歲四月，權知吳縣事合江李超瓊石篟謹識。

北寺塔

在護龍街北，古為通玄寺，俗稱曰北寺。吳赤烏中孫權母吳太夫人捨宅建造，有塔十一層，凡再建再燬，宋紹興末行者大圓重建，始去其二層為九層，明隆慶又不戒於火，僧如金重建，年久未修。清光緒間對大教場一面有兩層傾側，凡大教場有事，官廳即將此塔封閉不准放人登覽，事畢即啟封。住持僧昭三募資重修，各紳商信其操守，民國十年二月初四日大雄寶殿開工之日，十方護法咸往進香書願，引接不暇，大殿業已起建寶塔，煥然一新，登其顛而俯瞻遠眺則全城市廛及西南環列諸山莫不歷歷可數，其蜿蜒如帶者，婁江也，其一白無際者，澄河也，其曲折若綫者，滬甯鉄道也。自孫吳迄今人事變遷何限，而浮屠超然物表不改舊觀，誠足動登臨之感已。

瑞光塔

在盤門大街，為吳赤烏四年僧人性康來吳，吳帝孫權建普濟禪院以居之，並建塔十三層於其寺，以報母恩。

被燬，宋宣和間朱勔出資重建，改為七層，屢放奇光，故易其名曰瑞光。洪楊之亂，寺院僧舍盡燬兵火，僅存一塔，外簷亦均被燬，迄未修整。

雙塔寺

在甫橋西街定慧寺巷試院間壁，唐咸通中所築，名般若寺，宋雍熙中王文罕創建兩磚塔，兩兩對峙，俗遂以雙塔寺名之。清時因東塔失修，曾修葺之，與葑門之鐘樓及元妙觀、彌羅寶閣前之半圓石盂三者，相傳按葑門彭氏風水雙塔為筆，鐘樓為墨，而石盂即盤中水盂也。

開元寺　無量殿

在盤門內大街，為錢鏐所建，中有西方殿、石佛殿、天王殿、地藏殿及戒壇等，寺之東北有無量殿，均以磚石築成，不用梁柱，如今之洋房然。中供無量壽佛，清乾隆帝南巡曾幸焉。洪楊刦後殿宇均被燬，僅存無量殿為防軍儲藏火藥處，今僧人已將西方殿等逐漸起造修整，而無量殿亦已給還，每逢陰歷七月三十日為地藏誕，開放香客進香，欲訪古跡者宜於此日往游也。

五人之墓

在虎邱山塘大街青山綠水兩橋之間，可於遊虎邱時順道一往。墓中五人曰顏佩韋、楊念慈、馬杰沈、楊周、文元事，為明天啓七年蘇府周順昌觸怒閹豎魏忠賢被逮時，蘇民數萬為周公請命，緹騎呼斥，衆不能堪，乃擊殺緹騎，乘勢逐毛一鷺，鷺匿于溷藩以免，毛一鷺者，魏之私人，撫吳之大中丞也，乃以蘇人造反請於朝，五人挺身談笑就戮，僅止十有一月而懷宗卽位，魏閹自縊，即以魏閹廢祠之址以葬之，立石于墓門曰五人之墓。

柳毅墓

在閶門內下塘桃花塢西街之北五峯園內，有湖石五，相傳為五老峯，皆玲瓏怪巧，危然獨立，傍有土墩高丈餘，下卽柳毅墓。墩上作亭，里人朔望香花供奉，或有悞犯之，卽頭痛寒熱交作，禱之卽霍然復舊如響。斯應故入園者，莫敢稍有怠忽也。

專諸墓

閶門城內有專諸巷，古傳中專諸刺王僚，為古刺客傳中之大名鼎鼎人物也。或云其墓在泰伯廟橋東混堂衖內，其實在墓址竟無可考。

要離墓　梁鴻墓　梁鴻舊住所

在閶門城內法會菴西有古塚二，相傳為要離、梁鴻二墓。漢梁鴻賃舂於皐伯通廡下，夫婦相敬如賓，舉案齊眉及疾革告主人曰，願葬我于離要墓旁，主人允其請，遂葬之。其舊宅在胥門內學士街財帛司堂內，有一室，額上敍出為伯鑾先生舊住所。

妙巖墓

在閶邱坊巷之息園中，有土阜高處，相傳係梁時妙巖公主墓，為梁武帝女下降，郡人孫瑒瑒死，梁遂亡。陳高祖以先朝公主賜宮人十，以優禮待之，年八十餘而卒，即葬於顧氏依園，後為錢氏所得，為息園。載入府乘因果巷禪興寺內閣上有公主像，戴毘盧帽兩手合十作跏趺狀，有宮女十人侍其側，即妙巖像也。

金聖歎墓

先儒金聖歎恃才傲物，玩世不恭，結果卒不得其死，後人亦鮮有傳述。其墓在吳境十三都一圖五峯山下博士塢畔，年久失修，幾成平地，為保墓會會長吳蔭之先生訪悉，派遣司事履勘，修築立石，呈縣出示保護。

萬年橋

在胥門外胥江渡口原有大石橋，石色精瑩，琢工細巧，閹宦嚴嵩見之極口稱贊，摩抄不已，時有大僚奉迎其意，乃拆送嚴宦建造於分宜縣城外。橋既拆去，行人之欲渡胥江者必買舟以渡，故稱曰胥江渡口。清乾隆五年太守汪德馨勸募建造，長三十二丈，廣二丈四尺，高三丈，名曰萬年橋。洪楊刦後及光復後兩次重脩，東、西兩節橋面仍用石屏，而中段橋面過闊，分量較重，因易石為木，以資久遠。東、西橋面兩盡頭處均立有電燈桿，夜間行走亦甚便利。

寶帶橋

在葑門外覓渡橋相近跨運河最濶處澹臺湖上，長一千二百二十五尺，環洞五十有三，中間三洞最高，可通客艦巨舟。湖為東南要道，風濤衝激不利舟楫，因此以擋水勢，建時唐御史王仲舒鬻所束寶帶以助築橋經費，故相傳為寶帶橋。每逢陰歷八月十八夜月照澹臺湖，五十三環洞各有一月，遠望之如一串明月，今訛傳為石湖則非也。

天平山　卽萬笏朝天

在蘇城西十八里，多奇石，其中以卓筆峯為最著峯，高數丈，又有飛來峯者，高二丈，更有兩崖並峙，中間僅容一人併須側身行者，是謂龍門，俗呼一線天。其上為上白雲，有二石屋，大者可容十人，小者僅容六、七人，其下為中白雲，鉢盂泉味極甘冷，為吳中第一泉，以平口一杯水投入前清之青銅嘉道錢二十文，水祇高滿而不溢出，與無錫之惠泉山天下第二泉相同。左為高義園，係范文正公祠，敕賜寺額曰忠宣。山之東北麓為文正公高祖墓，羣石林列，惟峯皆朝下勘輿家謂為絶地。自文正高祖葬入，一夜雷電風雨，而山峯之倒下者皆變為朝上，成萬笏朝天之象，故歷代科甲不絕云。

觀音山寺

在天平山附近即支硎山，寺中供觀音，甚靈感，中有轉藏殿一只，六面如六角亭一般，每面有六尺餘闊，面面均有金身神佛雕像，中豎一統天柱，如新年之小兒玩具走馬燈然，四、五人推之即能轉動。寺右山坡石上有寒泉二字，大可丈餘。

石湖

在蘇胥門外舟行十五里至月盛橋，橋横於石湖之邊，右接九環洞，橋中間接以堤岸，相連約有八、九、十丈，太湖支流以月盛橋為鎖鑰。吳諺有云，七里石湖八里溪即此。越來溪也中有湖心亭，為宋范成大所建，前清已無，存祇有廢基，出沒於水中。清光緒二十七年蘇城大疫，大吏端中丞在府城隍廟建黃籙大醮九晝夜為民祈福，驅瘟逐疫，請府縣城隍土地押送瘟神疫鬼錠帛錢糧至石湖之湖心亭基址焚化，由是而疫始停。月盛橋即行春橋，其左為程福春醬園，有花墻十八垛，為清乾隆帝賞識曰眞巧匠，亦為石湖十八景之一。洪楊刦後被燬，為陸鐵夫、陸璇卿所得，築為生壙，名士吳俊卿昌碩提其墓碑曰二陸之墓。左有小橋曰二陸橋，堤之右為上方山，即楞伽山，有塔七層，巍然獨立，別無他屋。八月十七夜為五通神誕辰，天明時巫覡之上山燒香者不絕於道，香畢下山，轍兩人扶挾而奔走如飛，謂為跑馬，亦有跑馬而跌至鼻青嘴腫滿面流血者，謂為燒香不誠受神之罰。

至十八朝而畫船畢至，艙中三牲齋獻，船頭鼓吹放炮，為迎神之舉。由石湖而入月盛橋扳艄而進矮欖橋，再扳艄而出九環洞橋，仍入石湖，如是者三週，然後停泊。有又打拳船者，係各村坊有拳術人各沽一船，船紥彩，雙艪並舉，亦隨畫船而入月盛橋出九環洞橋，即在船頭上敲動鑼鼓，各獻技術，以示該村之不弱，使匪盜不敢問津。昔曾有一船船頭敲鑼鼓，船尾搖雙艪來去如箭，艙立四人，肩上扛柏樹扁担二，一人兩足立扁担上，手執鋼乂飛舞，至月盛橋口喊開橋上行人，而其人將手中鋼乂即脫手從橋上飛去，船卽由橋下穿過，而橋上之乂落下仍八船上人手中，其技藝有如此者，故連類而記之。

附二陸墓自記

嘗讀李白桃李園序曰，浮生若夢。夫壽者，一長夢也；夭者，一短夢也；富貴者，一好夢也；貧苦者，一惡夢也。人生在世，無非一夢，及身死而蓋棺入墓，永永不醒，乃成一大夢。予與惕夫同一坟墓，亦可謂同夢人也。予姓陸，惕夫亦姓陸，生同姓也。憶自幼同學於王小和先生門下讀書，雖時有先後，幼同學也讀書不成，僅得一衿去而學吏予入府署作粮吏，惕夫入長署作丈吏，長同業也。公餘之下，兼工繪事，又同學於沙山春任阜長兩夫子之門畫同師也。予世居府吏庫，後築屋於夏侯橋之西，與惕夫住宅僅一橋之隔，居同街也。宣統建元，已酉年春，予得行春橋程福春醫園舊址基地五畝，將築生壙，其地昔有花墻十八垛，為清乾隆帝所賞識，曰眞巧匠，亦為石湖十八景之一。時適惕夫亦請地師勘地，予乃以此地讓於惕夫共有之，以五畝中間三分之一作為兩坟，四面植楝樹，中亦以楝樹為分界，如陽宅之一宅兩院，各開一門。外觀之東西兩門中立一碑，吳下名士昌碩吳君題字曰二陸之墓死同坟也。左一小石橋曰二陸橋，將來予與惕夫同入土，饅頭月明之下携手同行於行春橋畔以暢敍幽（此一幽字作幽冥解）情，亦一樂事也。爰擬冥游石湖八景為將來夜臺之樂，未識有同意否乎。惕夫同墓老友政之，上方塔影、石湖蠏燈、暮渡越溪、夜市沽酒、環橋串月、遠寺宵鐘、湖亭青燐、白楊唱和，如蒙許可請賜繪尺頁八幅為預備冥游之紀念。將入土饅頭人老朽陸璇卿擬草。

穹窿山

在城西南水程三十六里，船泊善人橋舍舟登岸約三里許至山足，山方廣約百畝，吳諺有云，陽山萬丈高不及穹窿半接腰，其山之高可見。上有煉丹臺、昇仙臺，皆為赤松子遺迹，半山有石膝痕，相傳即茅君禮斗處，膝印中注水不涸，名雙膝泉。其餘若法雨泉、百丈泉皆大旱不竭。其三茅峯如浮笠，俗呼為箬帽峰，則又穹窿之最高處也。其天將殿三十六像皆施良生眞人召天將，至今塑佛匠在水缸中觀其形像照塑，故相傳為真像。洪楊刦後像皆被燬，僅存四、五，餘皆追塑已非真像矣。

靈巖山　附香山等三十景

在蘇城西十八里，高三百六十一丈，相傳有吳王之遺跡在焉，向有靈岩十八景之稱。可乘輪至木瀆鎮，由御道上山，下有骨塔，形如小亭，乃白石新築成者，亦為十八景中之一。由大道至西施洞，洞口甚巨，相傳越王句踐與其臣范蠡曾拘於此，今改為西施洞者，意不可考。下有小河一道，卽採香涇也，以其可通香山故名。半山之坡有石格子，最上為梳妝臺，更上抵石，鼉鼉昂首凸背面對太湖，故有烏龜望太湖之稱，登高遠眺見太湖之水，茫無涘際。中有一山形如海島者，卽洞庭山也。道旁有黑魚頭、大饅頭、翻轉蒲鞋鈕環、老太婆捉虱之類怪石，蛾蛾各肖其形。繼至嶺，巍然獨立者崇寶寺之靈岩塔也，寺中有玩花玩月池，左有圓照塔，中空洞無物，又有撞鐘樓、佛日岩石城等景物，寺右有舘娃宮，以石為壁，昔本完固今已半圮。前為平臺，旁有吳王井二，一為圓形，一為八角形，口雖大而不甚深，及琴臺則山石突兀，險峻異常，蓋全山最高處也。石上鐫有琴臺二字，字畫宛然清楚可辨，登高望遠神氣清爽，心中之愉快有匪言語可以形容者。左為癡漢等老婆石，自遠望去有如一人倚山靜坐望遠，近觀之則一巨石耳。韓蘄王墓碑高二丈餘，寬八尺餘，下有贔屭碑，面上半刊中興佐命定國元勳之碑十字。其餘尚有石鼓、石蟬、石蟾蜍、畫禪樓、袴子襠、雙牛取水等勝景，統計之得有三十景焉。

鄧尉山　附玄墓等一十三景

在光福鎮距城六十里，漢有鄧尉隱於此，故名鄧尉山，又名光福山，四面郡山環繞，此山最為雄壯，故獨著名。東南為玄墓山，即東晋青州刺史郁泰玄墓也，墓在聖恩寺，後為萬峯僧人道場處，寺有喝石，相傳穿井時有巨石下墜，萬峰喝止之故名。寺中以還元閣為最勝，可望太湖全景，中有四宜堂，清康熙駕臨賜以松風水月四字。五雲洞為顧天叙所闢，明季有虎伏於內，故俗名老虎洞。香雪海四面皆梅樹，山中人均以種梅為業，汪琬馬駕山記中有梅五茶三桑二之說。其南數里曰天井，居民皆以栽種紅綠梅為業，銷售各處，其數甚廣。蟠螭山石壁嶄截如削，有寺面太湖後，即倚峰為壁。山皆產茶，山有司徒廟，有古柏五、六株，其中四株曰青奇古怪，為清乾隆帝所封。

司徒古柏

在光福司徒廟內柏因社，有古柏五、六株，其中曾受清乾隆帝御口親封曰淸奇古怪。吳退樓有聯云，「清奇古怪畫難狀，風火雷霆劫不磨」。「清」，巍然獨立，青秀異常，不與他樹錯雜混淆，其皎皎之氣概眞有衆人皆醉而我獨醒之像。「奇」，此古柏中之最奇者也，遠望如獸狀，近視脫松柏之氣象，竟與盆景枯劈老梅椿無二，柏中罕物誰云不奇。「古」，四古栢中此為年代最古，大有抱餘高出三丈外，樹幹盤旋直透雲霄，高出衆樹年代之古無可考也。「怪」，怪乃古柏中之其四者也，半偃於南半側，於北觀其本，如枯木插土中，如無根狀，觀其枝葉，雄壯非凡，似枯而復春，眞怪物也。

東洞庭山

在蘇城西南水程八十餘里，周圍五十餘里其最高者曰莫釐峰，登其絕頂全湖在望，七十餘峰崗巒起伏歷歴可數，其下為雨花臺，旁有樓屋三楹，靠山面湖風景極佳，與虎邱之冷香閣相彷彿。某巨公有聯云，「湖山成千古畫圖南望吳江西延夾浦北臨惠麓東達金閶此處足清游古刹被名僧所占，景物極四時佳境春風柳岸夏岫雲峰秋正歸帆冬留積雪我生厭塵俗一官為勝地而來」。

西洞庭山

在太湖中離東洞庭山隔湖十餘里，有義渡船慣走太湖，較內湖船為穩妥，其最高者曰縹緲峰，居羣峰之中，若包山、若石公山、若洞山率皆環抱左右。登其巔，高瞻遠矚，吳越諸山無不隱隱在目。峰頂有龍穴、鷹頭石、紫雲泉諸勝，而碧螺峰亦在其上。峰產茶葉曰碧螺春，為蘇出產上品，淸時作貢品不易多得。

問潮舘

在唯亭鎮。唯亭古無潮汐，宋紹興間有道人云，潮到唯亭出狀元，秋忽潮汐大至，明年果出狀元葉子強，縣令乃築問潮舘於唯亭。相傳吳王闔閭時東夷入寇，吳乃築亭於此以禦之，名曰夷亭，後人乃訛傳為唯亭。

瑞蓮菴

在蘇城齊門內，屋宇寬廣，中有荷花池，花皆異種，有四面觀音為他處所不易見者，且其香工擅辦素齋，為蘇城冠。六、七月間城中紳商富戶有特至該寺賞荷吃齋藉以竹林之戲作竟日遊者，亦一蘇城避暑處也。惟僧人仰慈不守清規，慣作蟻媒，放白鴿，保吉利橋某氏妾仰慈之姪女也，又有富室某氏之妾仰慈之甥女也，皆仰慈作媒賣入，不數年而仰慈又將其甥女騙出，一去不返，竟如黃鶴，惟財可通神仗，有不肖劣紳暗為護持，今仍安居菴中。

雜考

狗屎香

吳俗每年七月三十夜，例必燒狗屎香，以結來世人緣。考此俗例實始於明初，太祖初定江南，吳王張士誠奔竄以死，當據吳時頗得民心，每逢此日為士誠誕辰，四民輟業舉行慶祝。吳既歸明，屆日士民追思故主，乃以香花琥珀焚之門前，託言結人緣而命其名曰九思，寓久而思之之意。蓋九思實士誠之小字也，後遂訛傳九思謂為狗屎。其宮在西海島某紙作坊內，屋三間，其地如銅鉸鐵鑄，即係寢宮舊址，并有地道一條自承天寺通官瀆里。明破蘇時士誠即由此道而出。

飯後鐘

窰基衖在碧鳳坊巷中，昔呂夢正未遇時，日居破窰中讀書，貧不舉火，寺僧放齋必先鳴鐘，夢正每聞鐘而往就食。僧人移鐘於飯後，是為飯後鐘。其寺在大儒巷，舊名招慶寺，今為縣立二高學校，即其故址也。今之蔡匯河頭，前清名柴河頭，即傳奇中呂夢正拾柴潑粥處也。時有人與以瓜數枚聊以充飢，至河頭洗濯，瓜沉落河底仍不得食，自此而生計日益促。每至青龍橋東堍南首飯店（此基現開盆桶作）日往就食，每多賒欠，店主優待之不與計較，店後屋靠河每深夜恒有舟擠聲，店主推窗觀之，舟中都餉銀，問往何處，答為呂夢正解餉，店主戲問曰既為夢正物能否借用，答云祗須有夢正親筆據無不可，明日夢正來，店主戲問渠借銀，並告知其事，夢正不信，即書借劵三千予之，至夜又聞聲店主以劵予之船上人，即以三釘包置岸而去。後夢正大魁旋至拜相，掘得藏銀，昔日借劵在也，合之適符整數，後築橋於柴河頭曰落瓜橋。此即夢正拾柴落瓜故事也。此橋在醋坊橋西堍望南轉灣有石三條即此是也。

軋神仙

神仙廟在閶門城內下塘街福濟觀，四月十四日為呂祖誕辰，俗稱謂神仙生日，是日廟中熱鬧異常，蘇城內外各科醫士無不虔誠往禱，謂為得神仙降臨，其家則將來為人醫病决可藥到病除。青樓妓女亦必炫妝麗服來廟燒香，因曾有三戲白牡丹故事，若得神仙光顧，章臺必然生色。其餘若虎邱之賣花人担挑小盆花草號曰神仙花，網船之賣漁婆盆放金錢烏龜（龜如錢大）號曰神仙烏龜，要貨攤上之泥菩薩號曰神仙老爺，小孩之涼帽曰神仙帽子，紅泥之小火爐曰神仙風爐。來往行人你擠我軋，謂為軋神仙。由是而剪綹挖包大出風頭，一般游手好閒趁此漁色順手摸奶則曰摸一把神仙奶奶，傍有一冷眼人即升手掌其頰曰拷一記神仙耳光，後二語雖屬滑稽之談然亦未始不有此等事故連類而記之。

旅蘇必讀初版第二集

旅蘇必讀初版第二集

蘇州吳縣陸鴻賓璇卿編著

蘇城街巷地名共八百數十餘處，以第一字之筆畫計算此巷座落何處，觀之一目了然。

二畫	
城內	
二門口東姚家角西中由吉巷	九曲里南三茅觀巷北宋仙洲巷
八寶街北雙塔寺南嚴衙前	九如巷東王廢基西宋衙衖
八良士巷東西美巷西養育巷	十全街東葑門大街西大太平巷
八角井頭東閶門石子街西城脚	十郎巷北天庫前南寶林寺前
九勝巷東卲磨針巷西護龍街	丁香巷東倉街西平江路
葑門外	
七公堂巷北七公堂南橫街	二馬路中日分界東洋關西甘棠橋
閶門外	
八字橋北臭馬路南白馬橋浜	
三畫	
城內	
三官衖西倉街東不通	大新橋巷東小新橋巷西平江路
三茅觀巷東中街路西湯家巷	大王家巷東田鷄巷西護龍街
三多巷東查家橋西侍其巷	大倉口東小倉口西吉慶街
三板橋東金獅巷西金獅河沿	小柳貞巷東婁城河西大柳貞巷
三山街北鷹揚巷南大石頭巷	小日暉橋在臨頓路北南新橋南蘋花橋
大太平巷東十全街西三元坊	小鐵局衖東護龍街西東海島
三元坊南滄浪亭北大太平巷	小王家巷東田鷄巷西護龍街
大官衖東婁城河西平江路	小太平巷東楊家園北大太平巷
大儒巷東平江路西臨頓路	小蓮河橋北紅板橋南興隆橋
大郎橋巷東平江路西臨頓路	小教場北糾廟前南侍其巷
大成坊巷北廣化寺橋南觀前街	小倉口東大倉口西吉慶街
大衞衖北毛家衖南衞前街	三多橋北司前街南附馬府堂前
大鐵局衖東護龍街西東海島	干將坊巷東宮巷西護龍街
大石頭巷東護龍街西東美巷	女冠子橋北慈悲橋南太平橋
大悲衖北賭帶橋南西北街	土地弄北地方衖南三多巷
大井巷東邵磨針巷西護龍街	土堂巷南調豐巷北富仁坊巷
大井頭北潘儒巷南獅林寺巷	下塘閶門東倉橋西裏水關橋
大柳貞巷東小柳貞巷西平江路	
齊門外	

上浜西井亭	大堂衖北虹橋南大堂
下浜東安橋西齊門外大街	
婁門外	
小路東官瀆西霸基橋	下塘西街東南涇橋西羅家衖
胥門外	
大施家衖東胥門大街西馬路	小施家衖東胥門大街西馬路
大日暉橋北萬年橋堍南水門塘東胥江口西馬路	小日暉橋北長船灣南萬年橋口東胥門大街西馬路
大安衖北王公橋	三鄉廟衖北三鄉廟南棗市橋
閶門外	
三元衖東河沿西南濠	上塘大街東吊橋西普安橋
三六灣北天燈頭南朱家莊	下塘大街東渡僧橋西花板橋
山塘街西北虎邱山東南山塘橋	小郝衖東渡僧橋大街西花板橋
山塘橋西山塘大街東渡僧橋	山塘下塘西彩雲橋東星橋灣
四畫	
城內	
中市大街東都亭橋西出閶門	太平橋北女冠子橋南吉利橋
中由吉巷東二門口西平江路	太極橋北老君堂南柏家巷
中張家巷東虹橋浜衖西平江路	太監衖（一）北觀前東宮巷
中大營門北大悲衖南西北衖	太監衖（二）北西支家巷南道前街
中軍弄東吉慶弄西附馬府堂	五龍堂北十全街南羊王廟前
中同仁街東混堂衖西新善橋	五峯園東桃花塢西街南泰伯廟
中街路北東中市南珠明寺橋	五涇廟衖北五涇廟南閶門下塘
王廢基北言橋南十梓街平橋	文山寺前東同仁街西新善橋塘
王思巷北紅板橋西通帶城橋	文衙里北賽兒巷南寶林寺前
王洗馬巷東中街路西湯家巷	井巷北徐貴子橋南觀前
王樞密巷東吳趨坊西石塔頭	井儀坊巷北蔣家坊南十梓街
王衙前東學士街西城脚	牛角浜東北孔過橋西南元妙
水長巷東倉街西平江路	牛牙場北更樓頭南崇眞宮前
水缺里東忠信橋西孔副司巷	仁孝里北北顯子巷南大儒巷
水仙衖北鳳凰街南滾綉坊巷	仁德坊北尙書里南鐵瓶巷
水關橋衖北仗義橋南裏水關橋	山門巷北青眞觀前南觀前
水潭巷北施林巷南兎子橋	公館衖北營房衖南西北街
水潑粉橋北青嘉坊南慈悲橋	火藥局北西教場南單家橋
天師巷東周啞子巷西靈芝衖	孔副司巷東水缺里西鳳皇街
天賜莊北東城橋西望信橋	戈家衖北蔣家衖西桃花塢西街
天官坊東學士街西城脚	毛家衖北三山街南大衞衖
天庫前東吳趨坊西周王廟	
齊門外	
井亭橋北王家橋南吊橋	日暉橋（二）東朱家橋西倪家橋
王家橋北無量橋南井亭橋	牛水衖東倪家橋西馬路橋
日暉橋（一）北潘家橋南無量橋	方家橋東安橋西齊門外大街

婁門外	
日暉橋（三）東汪家橋西利民橋	內后衖北婁門大街南小橋
盤門外	
天壇廟馬路東絲廠馬路西戈登橋	
胥門外	
水仙廟弄東大日暉橋西大洋橋	牛王廟東棗市橋
水門塘北大日暉橋南河沿	火燒塘岸東長春巷西渭橋
太平橋東嘉應會館西歸涇橋	
閶門外	
太子碼頭北四擺渡南敍龍橋	天燈頭東義慈巷西石排弄
太極弄東普安橋西洞涇橋	木梳弄東葉家弄南下塘
毛家橋西北桐橋東南白馬橋弄	中安橋北通貴橋南葉家衖
毛家橋弄北八字橋南山塘大街	殳家墻門北八字橋南山塘大街
毛家弄東朱家莊西白蓮橋	犬家衖西南山塘大街
石排弄北上津橋南朱家莊	井泉衖西南山塘大街
五畫	
城內	
石板街北北禪寺南漁郎橋浜	打鐵弄北五峯園南泰伯廟橋
石皮衖（一）北齊門新橋巷南西北街	平家巷東柏家巷西齊門大街
石皮衖（二）東司前街西斜廟前	平江路北華陽橋南花橋堍
石塘橋衖北營房衖南西北街	平安坊北喬司空巷南察院場
石家灣東洛水倉橋西飲馬橋	永熙寺弄北殺猪弄南郡廟前
石幢街東南寶城橋西四仪橋	永豐橋北打線場南桃花塢
石幢寺前東至東橋西四仪橋	永豐橋弄北永豐橋南戈家橋
石塔頭北穿珠巷	申衙前東中街路西湯家巷
石子街北周王廟南梵門橋衖	申莊前北慕家花園南吳縣前
石岩橋北剪金橋巷南線香橋	甲辰巷北過林橋南市橋
北街東楚勝橋西迎春坊	由巷南松鶴板場北蓮目巷
北顯子巷東五聖閣西徐貴子橋	市橋北過林橋南張公橋
北張家巷東婁城河西北傳芳巷	皮市街北天后宮橋南廣化寺橋
北傳芳巷東北張家巷西平江路	古市巷東西白塔子巷西護龍街
北開門橋北周太伯橋南南開門橋	四通橋弄北因果巷南喬司空巷
北禪寺橋北過境橋南魚郎橋	瓦爿弄北西小橋南醋庫巷
北採蓮巷北善長巷南西採蓮巷	加官弄北醋庫巷東水仙弄
打線場東唐家巷西桃花塢	禾家弄北文山寺南虹橋下塘
打線弄東養育巷西舒巷	司前街北養育巷南三多橋
打線巷（一）東皮市街西田雞巷	石岩橋北剪金橋巷南線香橋
打線巷（二）北東花橋巷南曹胡徐巷	
齊門外	
石獅涇橋北黃婆涇橋南齊門塘	
葑門外	
北柵頭北黃瓜橋南安里橋	

盤門外	
甘棠橋東紗廠馬路西絲廠馬路	
胥門外	
永安里東胥門大街西大洋橋馬路	市涇橋北王公橋
由斯弄東胥門大街西大洋橋馬路	半捷弄東巡捕房馬路西俞家橋
閶門外	
北童子門北上探橋南進閶門	白馬橋浜北八字橋南山塘大街
北濠弄北北濠大街南山塘橋	石路北渡僧橋南楊樹里馬路
北濠大街北馬路南山塘大街	石田岸北劉家棧南白馬橋浜
北水弄東沿河西南濠	永福橋東洞涇橋
白馬橋西北毛家弄東南山塘橋	半塘橋在山塘大街中間
六畫	
城內	
西中市東皋橋西閶門	百花洲北接學士街
西海島西北單家橋東南承天寺	吉利橋北養育巷南司前街
西大園東保安橋弄西不通	吉祥弄北三茅觀巷南王洗馬巷
西白塔子巷東白塔子橋西古市巷	吉慶街北線香橋南新橋
西街（一）北桃花橋南張廣橋	吉慶弄北蜜蜂洞南平安橋
西街（二）北濂溪坊南十梓街	吉由巷東調豐巷西護龍街
西北街東單家橋西跨塘橋	吉慶橋東蜜蜂洞南平安橋
西石皮弄北十全街東石皮弄	朱長巷東倉街西平江路
西河沿桃花塢北日暉橋南蘇軍橋	朱進士巷北青石橋南滾繡坊巷
西大營門北輪香局南桃花塢	朱家園東司監弄西伍子胥廟前
西角牆北前同仁街南寶蘇局弄	如意弄（葑門）北十全街南圓通菴
西百花巷東中街路西湯家巷	如意弄（閶門）北王洗馬巷南西百花巷
西美巷北道堂巷南西貫橋	老君堂前北北禪寺前南漁郎橋浜
西麒麟巷東道堂巷西養育巷	田鷄巷北張公橋南裴家橋巷
西吏庫東警察局西養育巷	冷水灣東張公橋西祖家橋
西採蓮巷東金獅河沿西司前街	安橋北百獅子橋南師橋
西支家巷西剪荊橋巷東過家弄	羊王廟東帶城橋西烏鵲橋弄
西善長巷東東善長巷西念珠街	先農壇南南新橋北府學前
西泮環巷東東泮環巷西盤門大街	地方弄北東善長巷南南採蓮巷
百獅子橋北祖家橋南安橋	仰家橋北東中市南珠明寺橋
百獅子橋浜東東城橋西百獅子橋	守備署前東吉慶弄西駙馬府堂前
百步街北望門橋南磚橋	伍子胥廟前東朱家園西念珠街
齊門外	
西滙弄東齊門大街西錢萬里橋	安橋西道院弄南虹橋
婁門外	
吊橋東利民橋西進婁門	西街北婁門大街南矮檨橋
西河頭北東糖坊灣南婁門大街	
葑門外	

安里橋東葑門外大街西進葑門	朱家弄北下鄉南橫街
七畫	
城內	
吳縣前東養育巷西西成橋	社壇巷北孔過橋南清眞館
吳直街北吳縣前南通和坊	邵磨針巷北北倉橋南富仁坊巷
吳縣學前東通和坊西昇平橋	直街北平橋南烏鵲橋
吳衙場東望門橋西織造府場	更樓頭寶蘇局東西河沿西西墻角
吳殿直巷東道堂巷西養育巷	宋仙洲巷東中街路西湯家巷
迎春坊東楚勝橋西跨塘橋	利市弄東學士街西城脚
兵馬司橋北蘋花橋南錢都尉橋	鬼子橋北興隆橋南盛家浜橋
佛來弄北曹胡徐巷南葑葭巷	余天燈巷北廟堂巷南瓣蓮巷
婁門外	
利民橋東日暉橋西吊橋	沈子涇橋東南洋涇橋西羅家橋
汪家橋東官瀆橋西日暉橋	
葑門外	
局弄北七公堂南橫街	
盤門外	
吳門橋北進盤門南盤門大街	
閶門外	
夾剪弄東守備署前西朱家莊	李王廟東北板橋西南臬馬路
李繼宗巷北北濠南山塘大街上馬路	
八畫	
城內	
東中市大街東都亭橋西皐橋	油車弄北百善橋南東美巷
東白塔子巷東保吉利橋西白塔子橋	周太伯巷北倉橋南北開門橋
東花橋巷東平江路下塘西花橋	官庫巷北東教場西西北街
東城橋北張公橋南天賜莊	承天寺東東海島西西海島
東海島北香花橋南東大街	宜多賓巷東護龍街西韓家巷
東大園東大郎橋巷西保安橋弄	金太史場東嘉餘坊西查先生巷
東麒麟巷東葛百戶巷西平江路	松鶴板場東過駕橋西宮巷口
東石皮弄北葑門大街南杏子橋	河角上北金姑橋南井儀坊巷
東河沿桃花塢北西教場南單家橋	胡書記橋北思長巷南萬壽宮
東角牆南崇眞宮橋弄北同仁街	泗井巷東平橋直街西洛水倉橋
東大街東接駕橋西都亭橋	尙書里東護龍街西曾家衕
東百花巷東王天井巷西中街路	青石橋西蒼龍巷南滾綉坊巷
東吏庫東西美巷西警察署	周啞子巷北蘇軍橋南王天井巷
東美巷北大石頭巷南衞前街	長春巷東道堂巷西養育巷
東善長巷東三板橋西西善長巷	金獅街東護龍巷西三板橋
東採蓮巷東司前街西土地弄	金獅西河沿北三板橋南查家橋
東支家巷東養育巷西舒巷	周五郎巷東吳趨坊西石子街
東泮環巷東平安橋西駙馬府堂	昇平橋東學士街西城脚
花巷東雙井巷西樂橋	招財弄東學士街西城脚

花街巷東西美巷西養育巷	糾察司廟前東石皮衖西壽甯弄
花駁岸東王天井巷西中家路	侍其巷東司前街西吉慶街
油車巷北平家巷南東北街	
齊門外	
東滙弄東壩基橋西齊門外大街	周家衖東河沿西齊門外大街
官衖東南馬路橋西鐵路	
婁門外	
東塘坊灣北朱家橋南西河頭	林家橋北唐浜橋南官瀆橋
官瀆橋浜北官瀆里南官瀆橋	周家橋北婁門外大街南河沿
葑門外	
油車場東朝天橋西裡河橋	東街北馬塔橋南朝天橋
胥門外	
香湯弄北小日橋弄	長春巷東馬路西火燒塘岸
閶門外	
官渡弄東沿河西南濠	青山橋西綠水橋東桐橋
花板橋東下塘西馬路	狗厠弄東臭馬路西桐橋灣
虎邱山東斟酌橋	板橋東錢萬里橋馬路西臭馬路
九畫	
城內	
南新橋近大小新橋北臨頓路南小日暉橋	柳仙巷北荐行橋南油車衖
南新橋葑盤角東南園西楊家巷	修仙巷東道堂巷西養育巷
南園上北木杏橋東北福慶橋楊杏子橋西北禾豐橋	幽蘭巷東鷹揚巷西百善橋
南禪寺東施家橋西護龍街府學	查家橋東鎮守署道尹署西三多巷
南採蓮巷東地方弄西司前街	香常衖東黃鸝坊橋弄西城脚
南開門橋北北開門橋南通濟橋	紅板橋北附馬橋南小蓮河橋
南潭子里東廟橋西皮市街	城橋盤門內北梅家橋南盤門
南顯子巷東仁孝里西臨頓路	施林巷北申衙前南水潭巷
虹橋婁門北通濟橋南過林橋	思古橋東附馬府堂前西不通
虹橋閶門北禾家弄南東中市大街	苑橋巷東大新橋西臨頓路花橋
虹橋浜東婁城河西中張家巷	胡相思巷東婁門城河西平江路
馬津橋北錢都尉橋南思長巷	姚家角東婁門城河西二門口
馬醫科巷東護龍街西吳苑西橋	城隍廟前東護龍街西城隍廟橋
馬大籙巷東王天井巷西中街路	神道街北城隍廟南馬醫科
馬濟良巷東張思良巷西護龍街	神道街北陰元和堂南鈕家巷
前新街東西大營門西廖家巷	施相公衖西北平安坊南察院場
前同仁街東混堂衖西新善橋	保家橋弄北鈕家巷南大郎橋巷
後新街東西大營門西廖家巷	財神衖北大郎橋巷南濂溪坊
後同仁街東混堂弄西新善橋	夏侯橋在十梓街中間
柳巷東馬禪寺橋西養育巷	念珠街北石岩橋南線香橋
齊門外	

姚家衖北鐵路南西滙衖	虹橋齊門外北安橋南大堂弄
南馬路橋東東滙衖西西滙衖	
婁門外	
南洋涇橋東下鄉西下塘西街	查家衖北婁門外大街南河沿
葑門外	
紅板橋北橫街南油車場	
胥門外	
胥門街北萬年橋南接官廳	胥門大街北小日暉橋南大日暉橋
閶門外	
南童子門北閶門南沿城脚	柳巷閶門北上塘大街
南濠北犯人碼頭南小日暉橋	洞涇橋東太極橋西永福橋
南水弄東河沿西南濠	星橋灣東至星橋西南小橋
姚家衖東河沿西南濠	臭馬路北李王廟橋南八字橋
洋橋閶門西廣濟橋東橫馬路	
十畫	
城內	
倉街北倉橋南長元學前	徐河橋北蔣家橋南梵門橋
倉米巷東護龍街西東美巷	梁撫司前東養育巷西吳直街
倉橋北街北麒麟橋南周太伯橋	通和坊東養育巷西吳縣學前
倉橋浜閶門北東板橋南閶門下塘	殺猪衖北西善長巷南朱家巷
桃花橋北後街南桃花塢	陳千戶橋東駙馬府堂西新橋巷
桃花塢東西北街西四義橋	栢家巷北太極橋南華陽橋
唐家巷桃花塢北後街南桃化塢	桐芳巷東平江路下塘西臨頓路
唐家巷葑門東棋杆街西平江路	徐家田頭東倉街西平江路
唐家坟東西河沿南唐家巷	蚌売弄北東麒麟巷南北傳芳巷
唐將軍衖北都亭橋南開甲巷	草菴衖北衞道觀前南至虹橋浜
珠明寺前東王天井巷西中家路	通濟橋北南開門橋南虹橋
珠明寺橋北仰家橋南清嘉坊	宮巷北觀橋南干將坊
泰伯廟橋弄北寶城橋南閶下塘	班竹巷北雙成巷南查先生巷
桂和坊東道堂巷西養育巷	祖家橋北興隆橋南百獅子橋
穿珠巷北閶門大街南石塔頭	師橋北安橋南龍船嘴
迴龍閣北劉家浜南黃鸝坊橋街	相王弄北葑門大街南楊家橋
孫衙衖東學士街西城脚	烏鵲橋衖北平橋南火雲橋
齊門外	
倪家橋東日暉橋西齊門外大街	馬弄東安橋西齊門外大街
婁門外	
馬家衖北婁門大街南河沿	
葑門外	
草鞋灣東横街西安里橋	馬塔橋北敵樓頭南東街
徐公橋北横街南接官廳	覓渡橋北新軍營門北洋關馬路
盤門外	
紗廠馬路東二馬路西甘棠橋	

胥門外	
通渭橋東火燒塘岸西三鄉廟	
閶門外	
留園馬路東廣濟馬路西留園	桐橋西北青山橋東南毛家橋
陸姊姆橋西鐵路東星橋灣	桐橋灣東狗厠弄西山塘大街
彩雲橋東北山塘西南東山橋	
十一畫	
城內	
張公橋北市橋南東城橋	混堂弄桃花塢北日暉橋南同仁街
張家巷北東敎場橋南西北街	船舫巷葑門北十全街南圓通菴
張菜園弄北獅林寺巷南北禪寺	曹家巷東三條橋西中街路
張香橋灣北婁門西東麒麟巷	高師巷東王天井巷西中街路
張廣橋北西街南東中市大街	清嘉坊北珠明寺橋南水潑粉橋
張思良巷北石家灣南大太平巷	海紅坊東道堂巷西養育巷
曹胡徐巷東胡相思巷西臨頓路	紫蘭巷東護龍街西鷹揚巷
過林橋北虹橋南市橋	梵門橋北徐河橋南學士街
過境橋北齊門城口南北禪寺橋	梵門橋弄東學士街西八角井頭
過駕橋東蓮溪坊西松鶴板塲	盛家浜橋北兎子橋南剪金橋
陰元和堂前北蕭家巷南鈕家巷	剪金橋北盛家浜橋南石岩橋
清眞觀前東井巷西洙泗巷	梅家橋北門新盤橋南城橋
盛家帶西北迎風橋南百步橋	乘馬避巷北吳縣前南通和坊
帶城橋弄北帶城橋南福慶橋	盛家浜北游馬坡巷西水潭巷
高墩弄北十全街南羊王廟	梅家橋浜東螺螄橋西梅家橋
崇眞宮橋衖北日暉橋南崇眞宮橋	
婁門外	
陶家弄北東糖坊灣南婁門大街	唐浜弄北官瀆里南林家橋
葑門外	
接官廳北徐公橋南小覓渡橋	
胥門外	
盛家衖東胥門大街西馬路	
閶門外	
探橋北四擺渡南閶門吊橋	曹家衖北小郗衖南下塘
敍龍橋北太子碼頭南閶門吊橋	望山橋北虎邱
順昌弄東河沿西南濠	野猫衖東北鐵路西南半塘橋
十二畫	
城內	
道前街東歌薰橋西府前街	棋杆街北興隆巷南胡相思巷
道堂巷撫院前東南撫署前西北呂公橋	報功菴前東北柏家巷南東北街
道堂巷北珠明寺前南西美巷	飯店弄東皮市街西田鷄巷
道冠衖西北齊門大街東南東北街	善家巷東盛家帶西南倉橋
富仁坊巷東宮巷口西護龍街	滾綉坊巷東鳳凰弄西帶城橋
富郎中巷東養育巷西水潭巷	鷹陽巷北飼鶴橋南三山街

混堂巷東韓家浜西平江路	清眞觀前東井巷西洙泗巷
混堂弄北蒼龍巷南滚綉坊巷	蜜蜂洞北撫轅前南吉慶弄
曾家弄北馬醫科巷南尙書里	黃鸝坊橋東吳趨坊西石子街
曾家弄北郡廟前東南神道街	游馬坡巷北富郎中巷南廟堂巷
漁郎橋浜東太極橋西齊門大街	舒巷道前街北辦蓮巷南道前街
漁郎橋北嘉餘坊巷南樂橋	舒巷中市北閶門大街南天庫前
婁門路大街東婁門西楚勝橋	復興橋東駙馬府堂前西不通
鈕家巷東平江路壽安橋西臨頓路	
齊門外	
黃婆溼橋北興隆橋南石獅溼橋	道院弄東安橋西齊門外馬路
無量橋北日暉橋南王家橋	
婁門外	
矮欖橋北西街南黃瓜橋	黃瓜橋北婁門南葑門
盤門外	
絲廠馬路東甘棠橋西天壇廟	
胥門外	
混堂弄東胥門大街西馬路	棗市橋東歸溼橋西牛王廟
愛河橋馬路南小日暉橋馬路北横馬路	費家橋北王公橋
棗市上東馬路西嘉鷹會館場	
閶門外	
越城裡東閶門西吊橋	湖田東楊安橋西西園
愛河橋北閶門馬路南胥門馬路	普安橋東吊橋西太極橋
渡僧橋北山塘大街南閶門大街	普濟橋北至山塘南至羅家橋
祿榮坊巷東石路西馬路	
十三畫	
城內	
新橋巷齊門東新橋西大悲弄	漁郎橋（二）北周太伯橋南樂橋
新橋巷婁門東小新橋巷西平江路	塔倪巷東邵磨針巷西護龍街
新橋巷盤門東陳千戶橋西新橋	喬司空巷東大成坊巷西護龍街
新造橋弄北新造橋南燒香橋	葑門大街東葑門西十全街
新橋盤門北石岩橋南梅家橋	楊家村北楊家橋西小橋
新弄堂北大儒巷南蕭家巷	滄浪亭東烏鵲橋弄西西護龍街三元坊
新學前長元學東獅子口南菀橋	楊家園北戈家弄南張廣橋下塘
獅子口東葑門城河西水門橋	楊山珠衖北西百花巷南申衙前
獅林寺巷東平江路西善耕橋	義巷東王天井巷西花駁岸
葛百戶巷東婁門城河西東麒麟巷	楊家巷東南新橋西琵琶橋
痢疾司堂前東楚勝橋西華陽橋	壽甯衖東糾廟前西吉慶街
葉葭巷東平江路西臨頓路	琵琶弄東盤門大街西螺螄橋
漁郎橋（一）北北禪寺橋南臨頓路	
齊門外	
齊門吊橋北齊門外大街南齊門	燒人場西井亭橋
齊門下塘北興隆橋南南馬路橋	

葑門外	
疊樓頭西接橫街	
胥門外	
萬年橋東胥門西胥門大街	
閶門外	
新開河橋北萬銀碼頭南小日暉橋	葉家弄北中安衖橋南下塘
新民橋馬路東錢萬里橋西廣濟橋	葆園街東通貴橋西湖田
新好橋北太極橋西三丈橋	漁涇浜橋東下塘西觀橋
楊樹里週圍通馬路	斟酌橋西虎邱山東綠水橋
義慈巷北上塘街南夾剪弄	萬銀碼頭東河沿西南濠灣頭
十四畫	
城內	
齊門路大街北齊門南臨頓橋	齊門路下塘北賭帶橋南跨塘橋
潘儒巷東平江路西臨頓路	蒼龍巷東西小橋南混堂巷
裝家橋巷東謝衙前西護龍街	寥家巷北輪香局南桃花塢
嘉餘坊巷東護龍街西金太史場	滸溪倉北東板橋南閶門下塘
銀房弄北喬司空巷南察院場	蓮花巷胥門東學士街西城脚
碧鳳坊巷東六瓜橋下塘西宮巷	鄭思橋北泰伯廟橋南蔣家橋
蓮目巷東由巷西宮巷	慈悲橋北水潑粉橋南女冠子橋
齊門外	
齊門大街北潘家橋東齊門吊橋	潘家橋北下鄉南齊門外大街
賓臨浜東下塘西不通	
胥門外	
嘉應會館場東棗市上西太平橋	廣濟橋馬路北新民橋馬路南閶門馬路
積巧橋北通王公橋	
十五畫	
城內	
興隆橋北濂溪坊南唐家巷	蔡貞坊巷北十全街南木杏橋
興隆巷東倉街西棋杆街	養育巷北水潑粉橋南吉利橋
興隆橋北小蓮河橋南兎子橋	憇橋巷東護龍街西三山街
廟巷蔣廟東任蔣橋西皮市街	撫轅前東護龍街西查家橋
廟弄財帛司廟東學士街西城脚	盤門大街北駙馬府堂南盤門
廟堂巷東養育巷西剪金橋巷	劉家浜東吳趨坊西石子街
駱駝橋衖北東教場南西北街	駙馬府堂前北司前街南盤門大街
醋庫巷東鳳凰街西平橋直街	駙馬橋北包衙橋南紅板橋
醋坊橋東臨頓路西觀東大街	線香橋北石岩橋南盤門新橋
慧珠弄北大太平巷南楊家園	慕家花園東養育巷西施林巷
齊門外	
興隆橋北賓臨橋南黃婆橋	
婁門外	
婁門外大街柳仙堂西婁門吊橋	
閶門外	

綠水橋西斟酌橋東青山橋	劉家橋東臭馬路西石田岸
十六畫	
城內	
衞道觀前東麗姬巷西平江路	螃蜞巷東張思良巷西飲馬橋
錢都尉橋北兵馬司橋南馬津橋	衞前街東飲馬橋西西貫橋
賽銀巷北東白塔子巷南東花橋巷	閶門大街卽西中市東皐橋西閶門
雙仁巷北范莊河南郡廟前	學士街北梵門橋南來遠橋
彈子巷東護龍街東曾家弄	蔣家橋北鄭思橋南徐河橋
廣仁里北孔過橋南清洲觀前	蔣祠弄東學士街西城脚
濂溪坊巷東平江路西臨頓路	窺塔橋北盤門大街南盤門
雙井巷北花巷南鹽倉巷	
葑門外	
橫街東敵樓頭西草鞋灣	
胥門外	
橫■街東馬路西檀香衖	盧家巷東馬路西天啟橋
閶門外	
鴨蛋橋東橫馬路西寶蓮寺	錢萬里橋東火車站西廣濟橋
麼坊弄北三六灣	
十七畫	
城內	
謝衙前東善耕橋西裴家橋巷	燕家浜北大太平巷南施家橋
繆家弄北廟巷南謝衙前	鎭撫司前東道堂巷西養育巷
顏家巷東六瓜橋下塘西宮巷	賽兒巷北天庫前南文衙里
戴家弄西倉街東不通	螺螄橋東琵琶橋西梅家橋
胥門外	
糞箕兜西綉花衖	
十八畫	
城內	
臨頓路北迎春坊南過駕橋堍	寶林寺前東吳趨坊西周王廟
韓家浜東婁門城河西混堂巷	寶蘇局弄北新善橋南崇眞宮橋
韓家巷東宜多賓巷西查先生巷	織造府場東吳衙場西鳳皇橋
婁門外	
羅家橋東沈子涇橋西內后弄	擺渡口北婁門外大街南河沿
胥門外	
歸涇橋東太平橋西牛王廟	檀香弄北小日暉橋南棗市上
十九畫	
城內	
麗姬巷東婁門城河西衞道觀前	蘇軍橋北西河沿南東中市大街
鐵瓶巷東護龍街西谷樹橋	寶妃園東鷹揚巷西柳仙弄
蕭家巷東平江路西臨頓路	辦蓮巷東養育巷西剪金橋巷
顧打鼓巷北花橋巷南曹胡徐巷	
葑門外	

櫓港灣北馬塔橋南朝天橋	
二十畫	
城內	
蘋花橋北小日暉橋南兵馬司橋	蘇州府前東西貫橋西養育巷
護龍街北香花橋南三元坊	
齊門外	
霸基橋北東滙衖南糖坊灣	
閶門外	
麒麟巷東義慈巷西三六灣	
二十二畫	
胥門外	
繡花弄東接糞箕兜	
二十三畫	
城內	
觀橋北元妙觀南宮巷	觀音衖北柴河頭南松鶴板場
胥門外	
驛站東水門塘西馬路	
閶門外	
觀橋北東山喬南留園	
二十四畫	
城內	
靈芝衖北高師巷南天師巷	

蘇州市人力車價格表

以銅元計

各城門至	元妙觀	二十枚		
閶門至	橫馬路	六枚	胥門來遠橋	二十枚
	留園	十二枚	葑門城門口	卅六枚
	盤門及三元坊	廿六枚	婁齊門城門口	廿四枚
胥門至	盤門及三元坊	十四枚	婁齊門城門口	卅六枚
	葑門城門口	二十枚		
葑門至	盤婁齊城門口	廿八枚		
婁門至	齊門城門口	十四枚		
盤門至	婁齊門城門口	卅六枚		
閶門至	道尹公署	廿四枚	蕖葭巷東區警署	廿二枚
	吳縣公署	十二枚	醋庫巷南區警署	廿四枚
	法院	二十枚	附馬府堂西區警署	廿四枚
	警察廳	廿二枚	皮市街北區警署	十四枚

胥門至	道尹公署	八枚	蕓葭巷東區警署	廿四枚
	吳縣公署	十枚	醋庫巷南區警署	十四枚
	法院	八枚	附馬府堂西區警署	八枚
	警察廳	八枚	皮市街北區警署	廿四枚
葑門至	道尹公署	十枚	蕓葭巷東區警署	廿六枚
	吳縣公署	十六枚	醋庫巷南區警署	十六枚
	法院	十枚	附馬府堂西區警署	八枚
	警察廳	十枚	皮市街北區警署	廿六枚
葑門至	道尹公署	十二枚	蕓葭巷東區警署	二十枚
	吳縣公署	廿二枚	醋庫巷南區警署	十枚
	法院	十四枚	附馬府堂西區警署	十六枚
	警察廳	十二枚	皮市街北區警署	廿四枚
婁門齊門至	道尹公署	三十枚	蕓葭巷東區警署	十四枚
	吳縣公署	廿四枚	醋庫巷南區警署	二十枚
	法院	三十枚	附馬府堂西區警署	三十枚
	警察廳	廿八枚	皮市街北區警署	十六枚
觀前大街至	道尹公署	十二枚	醋庫巷南區警署	八枚
	吳縣公署	十枚	附馬府堂西區警署	十六枚
	法院	十四枚	皮市街北區警署	八枚
	警察廳	十二枚	各城門	二十枚
	蕓葭巷東區警署	八枚		

出城遠近照例遞加，倘遇天雨或深夜，或携帶笨重物件，酌加酒資。如雇用全日或雇用半日，或守候來回，每小時約給銅元二十枚。右定價格舉其大概，其餘各段遠近以此類推。如車夫非理需索，就近鳴警懲罰。乘車諸君亦宜體恤苦工，照章給付。

衙署局所

名稱	地點	電話
鎮守使署	舊撫署內	十一號
道尹署	舊撫署內	六百十一號
高等審判廳	道前街	四百五十六號
高等檢察廳	道前街	四百零九號
吳縣知事署	吳縣署前	四十九號
吳縣模範監獄	小柳貞巷	四十六號
吳縣分監	司前街	五百廿三號

名稱	地點	電話
吳縣看守所	吳縣東吏庫	
貧民習藝所	王廢基	
市鄉貧民習藝所	舊長署	五百八十九號
吳縣游民習藝所	十梓街	
警察廳	舊府署	二十一號
東區警察署	蒹葭巷	二十四號
東區第一分駐所	火神廟	二百十二號
東區第二分駐所	觀音閣	二百十一號
東區第三分駐所	齊門城樓	四百二十二號
東區第四分駐所	婁門北街	二百十號
東區第五分駐所	婁門城門	一百八十一號
東區第六分駐所	婁門外	二十六號
東區第七分駐所	婁門外劉王廟	一百二十六號
東區第八分駐所	齊門外	三百八十二號
東區第九分駐所	齊門外	五百九十一號
南區警察署	醋庫巷	二百零九號
南區第一分駐所	烏鵲橋十全街	一百五十二號
南區第二分駐所	甫橋西街關廟	二十二號
南區第三分駐所	盛家帶	二百零七號
南區第四分駐所	陰元和堂	二百零八號
南區第五分駐所	干將坊	二十五號
南區第六分駐所	葑門城樓	二百八十號
南區第七分駐所	葑門城外	一百四十二號
西區警察署	駙馬府堂	二十三號
西區第一分駐所	伍子胥廟	二百零一號
西區第二分駐所	富郎中巷	二百零二號
西區第三分駐所	鎮撫司前	二百零三號
西區第四分駐所	華嚴寺	二百零五號
西區第五分駐所	毛家衖	九十五號
西區第六分駐所	胥門城樓	一百七十八號
西區第七分駐所	盤門城樓	一百七十九號
北區警察署	皮市街	三百三十二號
北區第一分駐所	因果巷	四百三十四號
北區第二分駐所	宋仙洲巷	二百零四號
北區第三分駐所	劉家浜	四百三十三號
北區第四分駐所	神仙廟	三百十一號
北區第五分駐所	婁門西北街	四百三十二號
北區第六分駐所	閶門城內	四百十七號
閶區警察署	閶門馬路	三百十三號
閶區第一分駐所	虎邱半塘街	三百八十一號
閶區第二分駐所	臭馬路	四百八十八號

名稱	地點	電話
閶區第三分駐所	四擺渡	三百八十號
閶區第四分駐所	新民橋	四百八十六號
閶區第五分駐所	寶蓮寺	三百十二號
閶區第六分駐所	閶門外	三百十四號
閶區第七分駐所	水仙廟	一百四十四號
閶區第八分駐所	盤門外	五百十七號
閶區第九分駐所	覓渡橋	二十八號
閶區第十分駐所	朱家莊	三百零三號
閶區第一分巡處	虎邱	四百八十七號
水警第二廳	督練公所內	一百零一號
水警辦公處	胥門外	二百十八號
水警第三區	十梓街平橋	一百十六號
胥門水巡總隊	胥門外	一百七十七號
胥門水巡隊派出所	盤門外	一百六十七號
齊門水巡分隊	齊門外	四百二十三號
齊門水巡隊派出所	十里亭	三百六十號
警察教練所	織造府署內	
保安隊	舊府署內	二百十六號
騎巡隊	舊府署內	五十一號
偵探隊	西善長巷	二百八十九號
消防隊	觀前北局	五十三號
火鐘樓	觀前北局	二百八十七號
第二師司令部	舊撫署內	三十六號
第二旅旅部	盤門外	十一號
第六團	上津橋	十二號
炮隊營	閶門外	三百零五號
陸軍監獄	舊長署內	五百零八號
接官廳	胥門大碼頭	
接官廳	葑門西街	
蘇州洋關	覓渡橋	三十號
洋關稅務司	覓渡橋	二百八十四號
蘇州關監督	織造府署前	五百三十六號
稅務公所	高師巷	四百四十九號
江南水利局	長春巷	七百六十五號
清理官產處	鎮撫司前	五百七十一號
蘇浙太湖水利局	鐵瓶巷	七百零八號
江浙水利聯合會	鎮撫司前	五百六十一號
水利局測量事務所	虎邱	六百零二號
日本領事署	盤門外二馬路	十五號
商務總會	西百花巷	三百二十二號
商團第一部	南陽里	二百零六號

名稱	地點	電話
商團第六部	宋仙洲巷	六百十號
商團第九部	獅林寺巷	五百四十二號
商團第十部	葑門外	一百九十七號
商團第八部	珠明寺前	九十號
救火聯合會	舊學前	一百七十三號
公共體育場	王廢基	
省立圖書館	滄浪亭可園	
青年會	察院場北局	
縣立圖書館	王廢基	現在起造尚未完工

會館祠堂別墅

名稱	地點	名稱	地點
八旗會館	迎春坊	金華會舘	南濠大街
兩廣會館	侍其巷	浙甯會館	南濠大街
全浙會館	長春巷	霞漳會館	南濠大街
湖南會館	通和坊	三山會館	胥門大街
江西會館	西美巷	嘉應會館	胥門棗市上
白石會館	山塘大街	安徽會館	南顯子巷
陝西會館	山塘桐橋	雲貴會舘	十全街
江西會館	西滙弄	浙紹會館	盤門新橋巷
江西會館	楊安浜	錢江會舘	桃花塢
山東會館	山塘桐橋	中洲三賢祠	護龍街三元坊
嶺南會館	山塘橋	范文正公祠	范莊前
廣東會館	山塘橋	文丞相祠	舊學前
浙江會館	上津橋下塘	况公祠	西美巷
新安會館	上津橋上塘	韋白二公祠	平橋直街
潮州會館	上津橋上塘	昭忠祠	平橋直街
汀州會館	上津橋上塘	滙軍昭忠祠	南顯子巷
武陵會館	上津橋上塘	節孝祠	平橋直街
中洲會館	天啟橋	申文定祠	馬醫科巷

信局

在蘇城外閶門吊橋堍。

老正大	協源	通裕
全盛合記	鴻源	寶順

以上各局專走上海、長江等處。

全盛義記	協興	正大
正和	協大	順成
福潤	永利	

以上各局專走杭、嘉、湖等處。

電報

電報總局在天庫前，電話四百四十二號。

一、凡本省往來華文電報，每字收洋六分。

二、凡隔省往來華文電報，不論遠近，每字收洋一角二分。

三、華文密碼及洋文電報，加半收費。

四、一等官報，不論密明，減半收費。

五、新聞電報，不論本省、隔省，華文每字收洋三分、洋文每字收洋六分。

六、滬、福、厦、港四埠往來電報與大北公司齊價收費。

七、其餘收發電報及計算字數各辦法，此時暫照寄報章程辦理，以上價目均照大洋收費，按照市價出入。

電話

北局	在天庫前	電話三百七十號
西局	在金獅河沿	電話一百七十號

公共電話

每次收費錢六十文。

第一公共電話	第五百零一號	在平橋
第二公共電話	第五百零二號	觀前街
第三公共電話	第五百零三號	都亭橋
第四公共電話	第五百零四號	閶門外

滬甯鐵路里數價目

自蘇至滬 蘇州至	里數	頭等	二等	三等	四等
官瀆	一里五九	四角	二角	一角	
外跨塘	五里一八	四角	二角	一角	
唯亭	十里八一	六角	三角	一角五分	
正儀	十四里七二	八角	四角	二角	
崑山	二十二里一二	一元二角	六角	三角	二角
恆里	二十三里四七	一元二角	六角	三角	
陸家浜	二十七里一六	一元四角	七角	三角五分	
安定	三十三里四四	一元六角	八角	四角	
旗站	三十四里二二	一元六角	八角	四角	
黃渡	三十八里九四	二元	二元	五角	
南翔	四十二里五九	二元二角	一元一角	五角五分	
眞如	四十八里七九	二元四角	一元二角	六角	
上海	五十三里四七	二元八角	一元四角	七角	四角
自蘇至甯 蘇州至	里數	頭等	二等	三等	四等
滸墅關	七里七二	四角	二角	一角	五分
望亭	十二里五九	六角	三角	一角五分	一角
周涇巷	十九里六十	八角	四角	二角	
無錫旗站	二十三里三八	一元	五角	二角五分	二角
無錫	二十五里三三	一元	五角	二角五分	二角
石塘灣	三十二里七八	一元四角	七角	三角五分	二角
洛社	三十四里七三	一元四角	七角	三角五分	二角
橫林	三十九里八五	一元六角	八角	四角	二角五分
戚墅堰	四十三里六十	一元六角	八角	四角	三角
常州	五十里四七	一元八角	九角	四角五分	三角
奔牛	六十一里五四	二元二角	一元一角	五角五分	四角
呂城	六十六里二十	二元四角	一元二角	六角	六角
陵口	七十二里五二	二元六角	一元三角	六角五分	六角五分

丹陽	七十八里三十	二元八角	一元四角	七角	六角
新豐	八十三里三二	三元二角	一元六角	八角	六角五分
鎮江旗站	九十四里三九	三元六角	一元八角	九角	七角
鎮江	九十六里八七	三元六角	一元八角	九角	七角
高資	一百〇四里八十	三元八角	一元九角	九角五分	七角
下蜀	一百十二里三八	四元二角	二元一角	一元五分	
龍潭	一百十八里八六	四元四角	二元二角	一元一角	一元一角
孤樹村	一百二十四里七九	四元八角	二元四角	一元二角	一元二角
堯化門	一百三十里四七	五元二角	二元六角	一元三角	一元二角
太平門	一百三十四里九四	五元四角	二元七角	一元三角五分	一元二角
神策門	一百三十六里九二	五元六角	二元八角	一元四角	一元二角
南京	一百三十九里五五	五元六角	二元八角	一元四角	一元二角

滬甯鐵路蘇站挑夫脚力

每里七十文。

閶門外	三里半	二百四十五
東中市	四里半	三百十五
桃花塢	五里	三百五十
珠明寺前	五里半	三百八十五
平江路	七里	四百九十
高等法院	六里	四百二十
三元坊	七里	四百九十
天賜莊	八里	五百六十
海紅坊	六里	四百二十
婁門城外	八里	五百六十
閶門西中市	四里	二百八十
湯家巷	四里半	三百十五
黃鸝坊橋	五里	三百五十
觀前	六里	四百二十
吳縣署	五里半	三百八十五
道前街	六里	四百二十
謝衙前	六里半	四百五十五
盤門新橋巷	六里半	四百五十五
北街	六里	四百二十
胥門城外	五里	三百五十

馬車價目表

自車站至閶門	四角	自閶門至留園	二角
自閶門至胥門	二角	自車站至覓渡橋	一元
自車站至胥門	六角	自閶門至西園	三角

馬路黃包車價目表

自車站至閶門	一角	自閶門至楓橋	一角另
自車站至覓渡橋	三角	自閶門至西園	銅元七八枚
自閶門至留園	銅元五六枚	自車站至盤門	二角
自車站至胥門	一角半	自閶門至齊門	一角另

籐橋

此以閶門大馬路為起點，來去兩埭數目，若單埭送到照價六折。

嘉興輪船碼頭	四角	留園	五角
胥門外	六角	洋涇塘	一元
洋關	一元四角	范坟	二元四角
七子山	二元四角	皋橋	四角
虎邱	八角	胥門小日暉橋	六角
火車站	七角	盤門二馬路	一元
觀音山	二元	上方山	二元
玄墓山	四元	半塘橋	七角
常熟輪船碼頭	四角	西園	六角
盤門外	十角	寒山寺	七角
橫塘	一元二角	靈岩山	三元
白馬橋	六角		

蘇州各輪船局

蘇杭班〔缺頁〕

蘇湖班〔缺頁〕

吳江	六角	三角	二角
平望	八角	四角	三角
南潯	一元二角	七角	五角
圻圦	八角	四角	三角
震澤	一元	六角	四角
湖州	一元八角	一元	六角

輪船拖帶價目

船自叫招商局、戴日昌，按雙單日輪。

	三擋	四擋	五擋	六擋	七擋
吳江	三元六角	四元二角	四元八角	四元八角	五元四角
平望	三元六角	四元二角	四元八角	四元八角	五元四角
震澤	四元五角	五元二角	五元八角	六元五角	七元二角
南潯	四元五角	五元二角	五元八角	六元五角	七元二角
湖州	五元二角	六元	六元七角	七元五角	八元三角
菱湖	五元七角	六元六角	七元三角	八元二角	八元七角
雷甸	六元	七元	八元	八元五角	九元
杭州	六元	七元	八元	八元五角	九元

蘇盛班

按日下午一點開，新記局，輪船名新茂。

地點	吳江	圻圦	黎里	平望	盛澤

蘇申班〔缺頁〕

常熟班〔缺頁〕

橫涇班〔缺頁〕

木瀆班

上午八點、下午十二點自木瀆開蘇；上午十點、下午十二點自蘇開木瀆。

官艙	一角四分	客艙	九十	烟蓬	七十

東山班

單日自蘇州開往東山，雙日自東山蘇州，老公茂，船名裕泰。

地點	橫涇	浦莊	採蓮橋	前山	後山
烟蓬	一角三十	二角三十	二角三十	二角四十	二角一百
客艙	二角三十	三角三十	三角三十	五角四十	五角一百
房艙	二角三十	三角三十	三角三十	六角四十	六角一百

宗教溯源

上古之世，聖聖相傳，本無所謂宗教。自五帝、三王而後降至春秋，世道衰微，人心險惡，於是乎天降聖人，篤生名世，環顧地球，崛若山嶽。稽厥宗教計凡有六：

一曰孔教。孔教者，儒家之祖也。孔子祖述堯舜憲章文武集道之大成，主教育，務進化，慨周道之衰，修春秋以定名分，弟子三千餘人。身通六藝者，七十二孔子沒，弟子本遺言以著論語，曾子作大學，子思作中庸，孟子繼之，以言性善，於是教化大行。論其宗旨，不外乎誠意、正心、修身、齊家、治國、平天下之道，又不出乎日用倫常之事。故天下儒者，無古今中外遠近，君主民主悉奉為宗師，尊號素王。至學校尊孔之盛，惟我蘇為全國冠。

二曰道教。道教者，老子所倡也。尚無為自然，以太虛玄妙為主旨，詆兵刑，排仁義，著道德經，列子、莊子咸宗之。既有所謂方士、術士者，乃道教之派別也。周、秦而降，漢有張道陵，唐有申天師，迨宋、元、明、清眞人輩出。吾蘇道教至今弗衰。

三曰佛教。佛教者，始於印度迦比羅城之太子釋迦牟尼。惟時印度階級制度甚嚴，有所謂僧族、王族、官族、平民四等，恣行專制，人民苦之。獨釋迦牟尼力倡平等主義，慈悲為本，方便為門，揭魂靈學，廣收僧徒，盛行於亞西亞東部。至漢明帝時東漸中國，自是以來叢林梵剎到處裝嚴，姑蘇城內外歷朝敕建之寺亦尚有數十餘處之多。

四曰回教。回教始於唐代西域之亞拉伯。謨罕默德以兵力傳教，尊上帝，崇教首，流行於亞西亞西部、亞非利加北部，歐羅巴東土亦有之。自明、清迄今，吾蘇奉回教者雖代有聞人，而教勢暢達。查蘇城內外回清眞寺不過三處而已。

五曰天主教。天主教卽加特力教，為歐州最古之羅馬教，與耶數不同。向有教王在意大利羅馬都城，數千年來教規嚴整從未更變，凡傳教士均作絕家思想，故地球各國信從者衆。自唐朝流入中國以來，至明季有天主教徒湯若望、利瑪竇到中國傳教，頗有功於歷學，咸臻貴顯，實膺爵祿。自是以還，傳教之勢吾蘇亦日見其興盛笑。

六曰耶穌教。耶教一名復原教，即天主教之支派，羅馬教之改良，創自有明萬歷年間。教規易守，英美人居其多數，各堂各會牧師可有家室，故傳易於推行。即以吾蘇而論，男女老少信奉者實繁有徒，但耶教之中又分數派，不若他教之專一。惟對於辦學實心毅力，蒸蒸日上者未可限量，頗有功於二吳人士也。

以上總覈六大宗教之歷史及對於吾蘇流傳迄今之現狀，至六大宗教之巍貌廟貌與裝嚴燦爛之地點，略為敍述如下。

宗教各處之地點

孔教

名稱	地點	電話
蘇州府學宮	護龍街南	
長元學宮	獅子口	
復聖廟	梅家橋浜	
弟一師範中學校	三元坊	二百七十二
縣立第一高小學	附馬府堂	二百六十三
縣立第三高小學	大儒巷	二百六十二
第二農業學校	閶門外	四百五十五
師範附屬小學	三元坊	二百六十
吳縣學宮	通和坊	
文昌宮	五畝園	
言夫子廟	干將坊	
省立第二中學	草橋頭	五十五
縣立第二高小學	謝衙前	二百六十六
縣立第四高小學	草橋	一百四十一
工業學校	三元坊	七百八十九
吳縣乙種商業學校	羊王廟前	七百二十四
第二女師範中學	侍其巷	七百六十一
縣立女子高小學	剪金橋巷	五百五十七
女師範附屬小學	小倉口	二百五十二
女子職業學校	舊藩署前	

名稱	地點	電話
五百名賢祠	滄浪亭前	
教育會	舊王宮	四十二
公共體育場	王廢基	
第二女師範	新橋頭	二百九十八
大同女學	舊學前	七十一
蘇蘇女學	十全街	
省立圖書館	滄浪亭前	
縣立圖書館	王廢基	
學欵處	海紅坊	三百九十二

道教

名稱	地點	名稱	地點
元妙觀	觀前	承天寺	承天寺前
崇眞宮	崇眞宮前	府城隍廟	郡廟前
衞道觀	衞道觀前	天后宮	北街
大關帝廟	護龍街中		

僧教

名稱	地點	名稱	地點
戒幢寺卽西園	閶門外西園	寶光寺	西北街
報恩寺卽北寺	香花橋	永定寺	鐵瓶巷
靈鷲寺	謝衙前	西禪寺	富郎中巷
畫禪寺卽獅林寺	獅林寺前	瑞光寺	盤門大街
圓通寺	帶城橋弄	隆慶寺	倉米巷
結草菴	滄浪亭	東禪寺	唐家巷
南禪寺	滄浪亭	北禪寺	北禪寺前
開元寺	盤門大街		

回教

名稱	地點	名稱	地點
禮拜寺	砂皮巷	清眞寺	丁家衖
清眞寺	承天寺前		

天主教

名稱	地點	
天主堂	閶門外楊家橋	舊學前大新巷
	東北街	木瀆

耶穌教

名稱	地點		
耶穌教堂	天賜莊	洋涇塘岸	養育巷
	謝衙前	蘋花橋	桃花塢
	閶門外	宮巷	慕家花園
名稱		地點	電話
耶教學堂	東吳大學	天賜莊	一百四十二
	英華學校	長春巷	
	英華女學	慕家花園	六十三
	桃塢中學	桃花塢	
	浸會兩等學校	萍花橋	
	晏成中學	謝衙前	四百〇六
	景海女學	天賜莊	三十五
	尚德女學	顏家巷	十六
	萃英中學	上津橋	

各項營業

典當

牌號	地點	電話	牌號	地點	電話
典當公所	中街路	五百〇五	可大	城隍廟前	二百四十一
福泰	顏家巷	七十八	保裕	迎春坊	二百四十八
鼎和	胥門外	七十九	廣大	臨頓路	二百五十
茂源	瓣蓮巷	一百五十七	保大	山塘街	四百〇七
順興	吳衙場	二百二十八	上同昌	婁門外	二百五十六
泰亨	碧鳳坊	二百二十九	下同昌	婁門外	二百五十七
裕源	司前街	二百三十一	安泰	齊門外	四百三十七
裕源	侍其巷	二百三十	元昌	閶門外	四百五十
洪昌	南倉橋	二百三十二	同順	吳趨坊	四百五十一
洪盛	閭邱坊	二百三十三	東福源	毛家橋	四百五十二
豫昌	道前街	二百三十六	西福源	半塘橋	四百五十三
豫昌	廟堂巷	二百三十七	濟泰	包衙前	三百〇一
大順	鐵瓶巷	二百三十九	濟泰	蕭家巷	一百十
源大	大太平巷	二百四十	保大	閶門大馬路	三百四十九
可大	城隍廟前	二百四十一	仁和質典	盤門外	二百六十七

銀行錢莊

牌號	地點	電話	牌號	地點	電話
中國銀行	德馨里	三百六十六	仁昌裕	中市	三百四十
交通銀行	中市街	三百八十九	豐泰	中市	三百四十一
上海銀行	中市	三百五十九	鴻源	中市	三百四十四
蘇州銀行	觀東	六百九十八	復豫	中市	三百四十七
大陸銀行	西中市	六百三十三	順康	中市	三百四十八
江蘇銀行	中市街	三百〇七	慶泰	觀前	一百五十三
淮海銀行	中市街	四百二十九	萃生	中市	六百十七
均益公司	觀前	五百三十三	義康	觀前	六十一
慎餘錢莊	胥門外	一百十二	恆利	中市	三百八十四
保大	觀前	一百八十六	義源	中市	六百四十九
協豐	中市	四百九十二	久源	中市	三百八十三
永生	中市	三百三十三	元順	中市	三百六十一
晋生	中市	三百三十五	錢業公所	東中市街	四百八十三
義成裕	中市	四百十九	錢業公會	德馨里	四百七十八
永豐	中市	三百三十七			

金號銀樓

牌號	地點	電話
天豐協記赤金	觀前	四百四十
同豐永金號	中市	三百五十二
老萬年金號	道前街	八十號
天豐恆金號	中市	三百五十一
東恆孚銀樓	觀前	七十七
西恆孚銀樓	中市	三百三十
晉福銀樓	觀前	七十六
寶成正記金鋪	護龍街	五百三十一
天益豐銀樓	中市	三百七十八

絲紗廠

牌號	地點	電話	牌號	地點	電話
蘇綸紗廠	盤門馬路	六十八	源盛東絲廠	覓渡橋	一百五十一
源盛西絲廠	盤門馬路	六十七			

火柴廠

牌號	地點	電話	牌號	地點	電話
燮昌火柴廠	小日暉洋橋堍燮昌路	七百〇七	鴻生火柴廠	施門塘馬路	二百五十九

紙版廠

牌號	地點	電話
華盛廠	楓橋	二百八十三

綢緞莊

牌號	地點	電話	牌號	地點	電話
老人和	中市街	六百三十九	裕泰豐	閶邱坊	一百三十八
李宏興	皮市街	四百十二	裕豐仁泰記	古市巷	一百二十二
大新	觀前	六十六	鴻興慶	閶邱坊	五百九十七
久昌	觀前	五百三十四	元吉凌	宋仙洲巷	六百九十七
乾泰祥	觀前	二百三十八	緯利公司	皮市街	八百四十二

牌號	地點	電話	牌號	地點	電話
介綸	中市	四百十五	李宏興福記	白塔子巷	三百八十五
餘綸	中市	四百四十六	陶泰豐	東北街周通橋	六百二十五
同仁和	中市	六百六十二	永興洽記	皮市街	六百五十九
裕源	皮市街	八百三十五	莫義昌	西中市	五百八十一

珠寶店

牌號	地點	電話
陳萬源珠號	觀前	五百六十八
瑞珍珠號	觀前察院場	七百三十九
徐乾元珠店	穿珠巷	六百五十八
倪源源珠寶店	觀前	七百五十九
天昌祥珠寶店	觀前	七百十七
萬源成珠寶店	觀前	五百八十四

米行

牌號	地點	電話	牌號	地點	電話
久豐	胥門外	一百八十	同豐潤	胥門外棗市	七百四十七
源泰	婁門外	一百九十九	趙義和	胥門外棗市	七百七十三
震泰仁	兵馬司橋	一百〇五	瑞生泰	橫馬路	六百八十三
協豐	盤門外	五百十九	裕豐	棗市	二百七十四
萬通	婁門北街	五百二十	王復記	上塘街	四百二十六
王頤吉	三多橋	二百六十五	震茂餘	盤門外吳門橋	二百三十四
震隆鴻	婁門外	六十五	恆盛	齊門外	六百九十五
公盛	吳門橋	一百三十五	通和	齊門外	六百九十三
朱萬成	齊門外	四百三十八	義泰	婁門外	八百〇七
大有恆	吳趨坊	四百九十三	天生正	婁門外	八百〇三
嘉和豫記	胥門外	七百六十九	元吉	山塘街	三百七十六
福泰源	婁門外	五百〇七	仁裕	兵馬司橋	五百六十三
新泰	大成坊	一百四十	恆利	婁門外	四百十一
泰隆盛	河沿街	三百二十九	福昌	楓橋	二百五十一
洪德	山塘街	四百十八	餘隆恆	接駕橋	八百二十八
太隆	定善橋	四百六十二	永記	婁門外	四百八十二
同泰	棗市	二百六十九	晉豐潤	上塘街	六百八十九
呂洪興	胥門外	五百八十二	德豐盛	南濠	六百八十八
開泰	棗市上	五百五十	葉萬成	普永橋	三百二十五
乾泰	上塘街	六百〇九	宏成亨	臨頓路	八十七
乾源	廣濟橋	六百四十五			

醬園

牌號	地點	電話	牌號	地點	電話
東裕盛和	婁門外	二百十三	瑞泰	葑門外	一百二十四
西盛裕和	養育巷	二百八十五	潘所宜	山塘街	四百〇三
王頤吉米行醬園	道前街	八十三	汪德裕	帶城橋	五百七十七
王頤吉米行醬園	三多橋	二百六十五	集成	中街路	四百五十八
顧得其	虎邱半塘	四百六十七	祥泰	古市巷	五百七十二
同號	齊門內	四百九十六	慶餘南棧	鐵瓶巷	五百二十八
添盛	城隍廟橋	二百	慶餘北棧	天妃宮	五百二十九
全永盛	葑門外	四十五	恆泰興	閶門外	六百二十二
天盛亨	皮市街	三百六十七	貝大有	胥門外	七百〇一
沈乾大	閶門西街	三百二十六	韓長發大房	婁門外	六百五十二
俞長春	齊門外	三百九十三	韓長發二房	婁門內	六百五十一
俞長春	黃鸝坊橋	八百二十四	延陵穗記	申衙前	七百四十六
徐同泰	婁門外	二百二十三	同豐潤	胥門外	一百七十六
顧得其分號	閶門吊橋	四百十三	廣太	平江路	七百八十五
顧得豐復號	胥門外	二百六十八	潘萬成	上塘街	八百三十一
萬康	烏鵲橋	九十六	潘萬成	宮巷	五百四十一
顧得其東棧	兵馬司橋	五百十	德裕成	濂溪坊	一百〇二

布廠

牌號	地點	電話	牌號	地點	電話
震豐布廠	十全街	五百四十九	公民布廠	二門口	二百四十四
興業布廠	桃花塢	三百四十六	振亞織緞公司	倉街	七百四十五
益亞布廠	十全街	一百九十二			

木行板棧

牌號	地點	電話	牌號	地點	電話
震生裕	胥門外	二百七十六	泰隆紅木	吳趨坊	四百九十八
王永順	胥門外	二百五十五	大椿	吳趨坊	
鼎昌裕	棗市	五百二十二	永康	中街路	

布店

牌號	地點	電話	牌號	地點	電話
瑞記	富仁坊巷口		永順	楓橋	六百八十四
大亨	宮巷觀橋堍	二百二十六	恊記	懸橋	七百五十七
恆泰源	白塔子巷	四百八十一	義和	婁門外	八百十七
福康	上塘街	六百九十一	振大	山塘街	八百三十六
萬大順	古市巷	六百	大記愼號	道前街	
同福昌	小邾弄	六百六十四			

洋貨店

牌號	地點	電話	牌號	地點	電話
大有恆	觀前街	一百五十九	恊源祥	胥門外	二百五十四
怡和洋	觀前街	八十二	瑞和祥	觀前	二十
久豐	臨頓路	一百三十九	瑞泰豐	觀前	七百〇二
瑞豐元	中市街	三百四十三	怡昌祥	觀前	七百八十三
福興隆	養育巷	二百七十三	瑞信泰	觀前	五百七十三
祥大	中市街	三百七十九	天豐	閶門外上塘	四百五十四
恆豐永	觀前	一百二十八	恆裕	西中市	六百二十六
恆豐仁	閶門中市	三百九十	裕記	東中市	四百〇四
德豐祥	養育巷	一百四十五			

冶坊桐油

牌號	地點	電話	牌號	地點	電話
沈餘昌	胥門外	一百八十八	江十三房	胥門外	七百〇三
新記仁	胥門外	五百五十一	乾源	婁門外	八百〇五
新振源	胥門外	七百三十六	昌記	胥門外	七百三十四
江七房	婁門外	六百四十一	星記	胥門外	五百六十六
江廿房	婁門外	八百〇六			

豆行

牌號	地點	電話	牌號	地點	電話
乾大	大日暉橋	七百五十一	大豐	大日暉橋	七十四

酒行

牌號	地點	電話	牌號	地點	電話
吳萬順	胥門大街	五百二十七	錢義興成記	胥門外	二百三十五
錢義興恆記	胥門外	三百五十			

煤油

牌號	地點	電話	牌號	地點	電話
美孚洋行	閶門馬路	四百〇二	二亞細亞公司	胥門外	七十
又聽子棧	三板橋	六百十九	三亞細亞棧	燈草橋	六十九
泰昌公司	胥門外	一百四十七	福泰公司	南濠大街	六百三十二
合記公司	養育巷	七百四十一	合豐公司	葑門外	七百六十二
一亞細亞公司	閶門外	三百五十七	維新公司	臨頓橋北堍	四百二十七

油行

牌號	地點	電話	牌號	地點	電話
三豐	葑門外	六十四	萬昌	半塘	八百三十七
義隆和	婁門外	一百八十七	利永興	齊門外	六百四十
福昌恆	婁門大街	六百四十六			

電燈廠

牌號	地點	電話
振興電燈公司	南濠	五百八十六
蘇州電汽公司	前門察院場後門九勝巷	七百五十三
觀前市辦小廠	太監弄	
閶門中市市辦小廠	皋橋堍	
閶門馬路市辦小廠	廣濟橋堍	

藥房

牌號	地點	電話	牌號	地點	電話
華英	觀前	一百三十四	中英	觀前	五百三十七
丸三	閶門馬路	三百八十七	科發	觀前	七百九十八
利濟	觀前	二百四十九	泰華	觀前	七百十八

麵粉廠

牌號	地點	電話	牌號	地點	電話
復新廠	中市	四百八十五	茂新公司	山塘新民橋	六百二十四

碾米廠

牌號	地點	電話	牌號	地點	電話
大達廠	胥門馬路	一百二十五	福新廠	中由吉巷	七百三十八
福大廠	張香橋	七十三			

汽水廠

牌號	地點	電話
華英汽水廠	胥門泰讓橋堍	一百六十四
瑞記汽水廠	胥門泰讓橋堍	五百三十二

燭皂廠

牌號	地點	電話
祥豐廠	醋庫巷	一百七十四

保險公司

牌號	地點	電話
永年人壽公司	閶門	三百二十一
永明人壽公司	閶門	四百六十三
華安人壽公司	閶門	三百三十四

顏料

牌號	地點	電話	牌號	地點	電話
瑞昌仁	閶門外	三百〇六	德大昌	南濠	三百九十九
福泰元	南濠	三百六十八	恆昌	山塘	六百六十五

漆店

牌號	地點	電話	牌號	地點	電話
源昌義	北倉橋	一百五十四	魯誠意	閶門下塘	

洋機公司

牌號	地點	電話	牌號	地點	電話
美綸廠 織邊	砂皮巷	七九五	益華 毛巾廠	醋庫巷	一九
華利成衣	大成坊 十三號門牌		志仁襪廠	葉家衖	四三
聯利公司成衣	觀西大街		知足襪廠	鐵瓶巷	

繡貨

牌號	地點	電話	牌號	地點	電話
大同	觀前	七百四十	大康	觀前	五十八

水泥

牌號	地點	電話
蘇州政新各色石子水泥公	鴨蛋橋	

眼鏡鐘表

牌號	地點	電話	牌號	地點	電話
餘昌	觀西	七九七	錢恆森	觀西	
餘嘁	閶門外	七三一			

紹酒店

牌號	地點	電話	牌號	地點	電話
王濟美	道前街		同福和	觀前	
王濟美 東號	察院巷口	七百四十四	其昌	觀前	
寶裕	渡僧橋	六百〇三	金瑞興	都亭橋	五百
章東明	中市		譚萬泰	都亭橋	八百二十三
全美	閶門馬路	六百六十七	福興	山塘街	八百十八
老萬全	觀前				

香烟公司

牌號	地點	電話
英美烟公司	閶門馬路	四百五十九
南洋兄弟烟草公司	閶門馬路	

書畫家

名號	地點	電話	名號	地點	電話
天台山農	市鄉公報	七百二十	潘頡雲	馬醫科巷	
陸鐵夫	夏候橋		陸璇卿	西美巷	

書坊

牌號	地點	電話	牌號	地點	電話
振新書社	觀前	五百六十二	瑪瑙經房	觀前	五百三十九

紙店

牌號	地點	電話	牌號	地點	電話
曹信義	崇眞宮橋	四百四十四	晉祥茂	都亭橋	六百三十六
同泰生	泰伯廟橋	四百四十五	藝蘭堂	山塘街	六百五十三
芸蘭閣	養育巷	二百九十三	源發	山塘街	六百四十八
義源盛	養育巷	一百六十八	麗青閣	養育巷	七百八十二
松茂室	珠明寺前	六百五十七	同仁昶	東中市	八百〇二
李隆盛	上塘街	六百二十七	裕源仁	山塘街	六百七十一

糖果

牌號	地點	電話	牌號	地點	電話
馬玉山	觀西	一六六	張祥豐	山塘街	六百十六
美豐	東中市接駕橋				

轉運公司

牌號	地點	電話	牌號	地點	電話
華盛義公司	錢萬里橋	四百七十二	悅來公司	錢萬里橋	六百六十九
錦成公司	皮市街	十七	茂新恆公司	錢萬里橋	六百六十三

彩票

牌號	地點	電話	牌號	地點	電話
李源昌	閶門吊橋堍		源濟	太監弄	
大利元	察院場		三益	閶門吊橋	
裕中	察院場		廣■■	閶門吊橋西	

旅蘇必讀初版第三集

旅蘇必讀初版第三集

蘇州吳縣陸鴻賓璇卿編著

律師姓名錄

律師之職務為經辦民刑訴訟，而律師之責任則為保障民權、闡發法律精義，故律師一職在共和國政體之下，無論對於法律、對於人民均負有極重大之責任，而民、刑訴訟之當事人，對於律帥大有密切之需要者。有鑒及此，故特將各律師姓名、住處、電話詳細調查摘錄如下，以便民、刑訴訟之當事人查檢。想亦閱者之所快睹也。

姓名	地點	電話
張一鵬	胥門內瓣蓮巷	
潘承鍔	廟堂巷五十九號	五百五十五號
陳則民	富仁坊六十二號	一百九十二號
唐慎坊	幽蘭巷	
宋銘勳	本所夏候橋	
	分所宮巷市鄉公報	七百二十號
張鼎	倉米巷二十九號	
王繼祖	倉米巷二十九號	
潘志達	盍簪坊巷	七百十三號
費廷璜	大太平巷	
蔡倪培	胥門內瓣蓮巷	
錢崇威	顏家巷六十號	
錢崇固	顏家巷六十號	
鮑宇洪	司前街七十九號	
李振霄	申莊前五號	
夏喆⿰牜先	三多巷	七百五十八號
金樹芳	本所混堂巷二十九號	
	分所宮巷市鄉報館	七百二十號
張光彝	本所舊學前九十四號	七十一號
	分所宮巷市鄉報館	七百二十號

姓名	地點	電話
王昭	本所舊學前九十四號	七十一號
	分所宮巷市鄉報館	七百二十號
宋肇琪	菉葭巷四十六號	六十號
龔方緯	胥門學士街五十六號	
高文麒	瓣蓮巷八號	
夏鼎瑞	黃鸝坊橋弄潘家場二號	
俞晋陶	盛家浜一號	二百九十五號
陳丕先	府橋西街	
孔昭晉	宜多賓巷	
胡士楷	葑門醋庫巷	
尤祖源	鳳凰街	一百十九號
周慶高	富郎中巷	二百四十三號
陳言	司前街	
高等廳律師休息所		五百四十號

現行訴訟費用規則表

江蘇高等審判廳呈部核准民國十年四月一日實行

訴訟物價額	第一審	第二審	第三審
十元未滿	四角五分	六角三分	七角二分
十元以上二十五元未滿	九角	一元二角六分	一元四角四分
二十五元以上五十元未滿	二元二角半	三元一角五分	三元六角
五十元以上七十五元未滿	三元三角	四元六角二分	五元二角八分
七十五元以上一百元未滿	四元五角	六元三角	七元二角
一百元以上二百元未滿	九元	十二元六角	十四元四角
二百元以上三百元未滿	十二元	十六元八角	十九元二角
三百元以上四百元未滿	十五元	二十一元	二十四元
四百元以上五百元未滿	十八元	二十五元二角	二十八元八角
五百元以上六百元未滿	二十一元	二十九元四角	三十三元六角
六百元以上七百元未滿	二十四元	三十三元六角	三十八元四角
七百元以上八百元未滿	二十七元	三十七元八角	四十三元二角
八百元以上九百元未滿	三十元	四十二元	四十八元
九百元以上一千元未滿	三十三元	四十六元二角	五十二元八角
一千元以上二千元未滿	三十七元半	五十二元五角	六十元
二千元以上四千元未滿	四十八元	六十七元二角	七十六元八角
四千元以上六千元未滿	六十三元	八十八元二角	一百元〇八角
六千元以上八千元未滿	八十二元半	一百十五元半	一百三十二元
八千元以上一萬元未滿	一百〇五元	一百四十七元	一百六十八元
一萬元以上每千元加	四元五角	六元三角	七元二角

聲明窒碍費	一元五角
聲明和解費	七角五分
聲明抗告再抗告費	一元五角
案未確定各項聲請聲明	均收七角五分
人事訴訟照百元計算訟費	洋四元五角
聲請撤銷訴狀費	洋七角五分

訴訟狀封面

民事

奉部令每紙共售大洋六角。

一民事上訴狀應詳細開列：（一）當事人姓名、年齡、籍貫、住址、職業；（二）上訴事實；（三）訴訟價額（除抗告外）；（四）上訴理由；（五）請求改判之範圍；（六）粘抄原裁判並記明受裁送達日期；（七）赴訴審判衙門；（八）遞狀年月日。投遞上訴狀應附副本。

一民事上訴期間（在各級審判廳自送達判詞或決定之翌日起或公示後八日起二十日以內）（在縣知事公署自牌示或諭知判決之翌日起二十日以內），得提出上訴狀於原審判衙門轉送上級審判衙門。如有逕赴上訴審投遞上訴狀者，得除去在途之日計算。凡逾期不上訴者，原審判即為確定。但因天災或意外事之障碍致逾期者，准其聲請回復原狀，經認為有理由者仍予受理。

刑事

奉部令每紙共售大洋三角。

一刑事上訴狀填寫：（一）上訴人之姓名、年齡、籍貫、住址、職業；（二）原審判廳或縣知事公署；（三）原審判決；（四）不服之理由；（五）赴訴之審判衙門；（六）遞狀年月日。

一刑事上訴期間（在各級審判廳自宣示判詞之日起十日以內，如係闕席判决，自送達判决副本之翌日起或公示後八日起二十日以內，陳遞上訴狀於原檢察廳稟請轉送上級檢察廳）（在縣知事公署自牌示判决之翌日起十四日以內），向第二審審判衙門上訴或稟請原縣知事公署轉送上訴於第二審審判衙門。凡逕赴上訴審陳遞上訴狀者，得除去在途之日計算。凡逾期不上訴者，原審判即為確定。但因天災或意外事之障碍致逾者，准其聲請回復原狀，經認為有理者仍予受理。

中東西醫生

姓名、地點、電話開後。

姓名	地點	電話
西醫		
柏樂文	天賜莊博習醫院	三十四
蘇邁爾	天賜莊博習醫院	三十四
惠更生	四擺渡更生醫院	三百三十八
榮美生	齊門洋涇塘岸福音醫院	三百二十四
鹽足醫院	馬醫科	
省立醫院	留園馬路	一百四十九
縣立醫院	燕家浜	二百五十八
蘇蘇醫院	飲馬橋	七百九十四
樹德醫院	泰伯廟	六百三十五
范補程	飲馬橋南郭家巷口十二號	七百九十二
謝谷山	蓮溪坊一百五十二號	
丁然甫	橫馬路八號	
候錫藩	喬司空巷二十三號	七十二
蕭潤身牙科	大馬路姚家衖	
陳欽溱	皮市街	三百二十七
張鐵夫	橫馬路五十二號	
顧諫廷	鉄瓶巷	二百九十六
顧月槎	吳縣前乘馬避巷十二號	
程子鶴	富仁坊巷	
江兆蘭	平江路三百五十一號	
楊濟之	調豐巷	一百九十
載梅侶女士	史家巷	
產科		
顧志華女士	舊學前	
曹雪芳女士	衞前街	七百九十二
麗織文女士	婁門新橋巷十九號	
中醫　男女大小傷寒方脈		
姚小陶	護龍街飲馬橋北	
顧伯平	甫橋西街	七百五十
李卓英	金獅巷西口	
顧允若七子山世醫	富郎中巷	
沈健伯	元妙觀廣仁里北弄	
董韻生	干將坊六十七號	
鄒文珉	干將坊一百三十一號	
朱壽清	十梓街一百十五號	一百八十四
周松如	由巷八號	
張弁時	大石頭巷	

姓名	地點	電話
吳翰香	護龍街通關坊口	
陳右銘	遊馬坡巷七號	
侯子然	喬司空巷二十三號	七十二
王松生	醋庫巷	
夏天民傷寒男女幼科	馬醫科巷	
張繩田傷寒女科痧痘幼科	馬醫科巷	
朱滋青	嘉餘坊	
內外科		
徐蘅伯	學士街一百〇六號	
蔡春谷	金太史場二十七號	
黃心廉	麗耆巷	
內科		
梁溪楊中履	山塘趙亦泰	
女科		
汪子敬	鉄瓶巷五十號	
程燕山	護龍街樂橋北	
程南山	護龍街樂橋北	
孫禧年傷寒女科	嘉餘坊巷	
小兒科　痧痘幼科		
奚寶善	申衙前四十五號	
蔣玉生	西麒麟巷二十四號	
馮在田	喬司空巷	
沈禹門	思婆巷	
傷科		
殷契範	思婆巷	
眼科		
張惠君	柴河頭十一號	
瘋科		
張仲甫	閶門外四擺渡	
張幼甫	閶門外四擺渡	
走馬外疳		
戴銘甫	西美巷七十一號	

旅舘

蘇城旅舘大小不等，多滙集於閶門馬路，距車站為最近，輪船亦不遠。其餘胥門及觀前亦復不少，貴者器具盡用紅木，定置西式外國鉄床、綯綢、被褥、紗羅、蚊帳，夜來電燈光明透澈，招呼友朋裝有電話，使喚茶房備有電鈴，夏有電扇招凉，冬有火爐送煖，一切雜用物件應有盡有，無美不備。會客大廳亦寬暢異常，俾便客人喜慶之用。房間最貴者約一元七、八角，最廉者約二角左右。房間亦爽亮，被褥亦潔淨，高高下下指不勝屈，聽客檢選小賬加一。今將最上等各棧牌號、地點、房間數目及價目開列於後。

牌號	地點	房間	最貴價	最廉價	電話
第一旅社	大馬路	八十餘間	一元三角	四角	一百六十四
三新旅社	廣濟橋堍	一百間	一元二角	四角	賬房七百三十四 前樓七百九十一 後樓六百十五
新蘇臺	大馬路 桃源坊	六十八間	一元二角	四角	賬房八百十三 二層樓八百十四 三層樓八百十五
老蘇臺	大馬路	八十餘間	一元四角	四角	三百五十六
惠中旅社	大馬路	五十七間	一元八角	六角	三百五十五
西式旅社　房屋器具統係洋式					
鉄路飯店	廣濟橋堍	二十六間	五元至一元五角 包吃大餐每人每天兩元五角		八百卄
惟盈旅社	錢萬里橋				

戲館

蘇州戲園始尚崑腔，准在城內開演，其餘京、弋兩腔不准入城。自馬路開通，京戲發達，而文班無人顧問，遂至停演，戲園之風氣遂為一變。自民國成立，創演文明新戲，藉以改良風俗，由是而風氣又一變。今京戲園亦旋改革仿效歐制，每齣必布景，形式上亦已改良。維日戲每不及夜戲，夜戲之佳者又常排在最後之一齣，故王孫公子、墜鞭少年每聽夜戲必預為定坐，演至末齣始行臨場，祗聽此一齣為最出風頭者。若土老二、阿木林則未及開場先已入坐聽鬧場之鑼鼓，名曰呼狗。欲觀劇者須於五點鐘至園定坐，出用夜膳，從容入坐，最為合宜。

<table>
<tr><td colspan="5">文明戲</td></tr>
<tr><td colspan="5">民興新劇社，閶門外大馬路，電話六百三十四</td></tr>
<tr><td rowspan="2">價目</td><td rowspan="2">正廳</td><td>日二角</td><td rowspan="2">包廂</td><td>日四角</td></tr>
<tr><td>夜四角</td><td>夜六角</td></tr>
<tr><td rowspan="2">時間</td><td rowspan="2">日戲</td><td>一點鐘開演</td><td rowspan="2">夜戲</td><td>七點鐘開演</td></tr>
<tr><td>四點半鐘止</td><td>十一點半止</td></tr>
<tr><td colspan="5">京戲</td></tr>
<tr><td colspan="5">大發舞臺，閶門大馬路，價目時間仝</td></tr>
</table>

菜館

蘇州菜館可分為六種：大菜館、京館、蘇館、徽館、教門館、宵夜館。其餘如飯店、酒店均有另拆碗菜及大小和菜。今將各種菜館列後。

甲、大菜館

公司菜，每客一元，菜六樣；每客八角，菜五樣；每客六角，菜四樣。加果盤、土司、水果、咖啡、牛乳一應在內，小賬加一。皮酒、香賓、崘囒汽水，計瓶算當面開。點菜每樣二角、三角、四角不等。茲將其牌號地點開後。

牌號	地點	電話	牌號	地點	電話
青年會	觀前察院場		惟盈旅館	錢萬里橋	
萬年青	閶門橫馬路同安坊口		一品香	閶門大馬路	
鉄路飯店	新民橋馬路	八百二十			

乙、蘇館

吃全，十二盆，五菜，四小碗，一道點；九大盆，四菜，六小碗，一道點。每桌洋五元。吃全換全翅，每桌加洋二元八角。吃全換半翅，每桌加洋一元七角。吃全一菜換用正鴨，每桌加洋六角。吃全一菜換用正鷄，每桌加洋五角。吃全小碗換銀耳、鴿蛋，每樣加洋四角。四菜、四小碗、四大盆，每桌洋三元五角。八盆五菜，每桌洋三元五角。四盆四菜，每桌洋二元八角。和菜每桌，洋二元八角。光五菜，每桌洋二元三角。五簋，每桌洋二元。中四，每次洋二角伍分。起碼全翅，每次洋四元。起碼半翅，每次洋二元五角。起碼點心，每道加洋三角。正菓，每桌加洋五角。酒另算。小賬加一。茲將有名菜館開後。

牌號	地點	電話	牌號	地點	電話
大慶樓	閶門馬路	四百六十四	榮福樓	臨頓路北	
義昌福西號	閶門馬路	四百三十六	新和祥	接駕橋西	八百二十七
義昌福東號	宮巷	五百〇六	金和祥	西中市	四百八十九
天和祥	蘋花橋南堍	五百八十八	德元	閶門下塘	三百二十三
新太和	閶門馬路	四百二十一	泰昌福	養育巷	
老西德福	東中市	三百五十四	三雅園	道前街	一百十五
西德福	醋坊橋西	七百三十二	復興園	南倉橋	五百二十五
義豐園	宮巷中	七百二十六	天來福	護龍街樂橋南	一百二十九
德和祥	臨頓路北白塔子巷口	一百二十一	新昌福	南倉橋南	
聚豐園	祥符寺巷西口	六百七十五	三興園	臨頓路北	
福和祥	東白塔子巷	八百二十一	松鶴樓	大成坊巷口	六百六十八

丙、京館

和菜，二元四角。壳席，三元。正席，隨定。正全翅，二元四角。扒翅，四元半。

牌號	地點	電話	牌號	地點	電話
久華樓	大馬路鴨蛋橋	三百七十七	宴月樓	大馬路	六百四十三

丁、徽館

點吃碗菜較蘇館為價廉，若吃和菜則尤為便宜。大和菜，四冷葷盆、四小碗、三大菜、一道點，兩元二角。中和菜，二冷葷盆、二小碗、二大菜，一元三角。小和菜，二炒一湯，五角。茲將其牌號開後。

牌號	地點	電話	牌號	地點	電話
萬源館	都亭橋	四百十六	萬福樓	府前街	五百〇九
添新樓	馬路	六百八十六	聚成樓	吊橋堍	六百〇四
添和館	皐橋頭	四百二十	聚福樓	渡僧橋	六百八十六
六宜樓	皐橋頭	四百六十四	同新樓	石路	四百四十七
易和園	觀東	七百〇九	尙樂園	萬銀碼頭	四百三十
丹鳳樓	觀西	七百三十五			

戊、教門館

其菜式樣與蘇館同，惟不用猪肉與無鱗魚（如甲魚、鱔、鰻等）（按其教初成立時，設誓諸肉不食，無論魚不食，幾如僧人之吃素。及後教規不嚴，貪口腹者改諸肉為猪肉，無論改為無鱗）。亦可另點拆吃，價較蘇館為貴，并且不佳，惟靠一清眞教門四字。僅祗一、二家，如清教中人不能越此範圍，若非教中人我勸諸君不必去問津，酒不用吃，醋加白糖鑲開水。

己、宵夜館

宵夜館為廣東人所開設，每份一冷菜、一熱菜、一湯，其價大抵大洋兩角。冷菜為臘腸、燒鴨、油鷄、燒肉之類，熱菜為蝦仁炒蛋、油魚之類，亦可以點菜。冬季則有各種邊爐，有魚生、蛋生、腰生、蝦生等，臨時自燒，三、四人冬夜圍爐飲酒最為合宜。又有兼售番菜、蓮子羹、杏仁茶、咖啡、鴨飯、魚生粥等，其店名如左。

牌號	地點	牌號	地點
廣南居	觀前	廣興	養育巷

庚、船菜

蘇地船菜最為有名，各樣小菜有各樣之滋味，不比館菜之同一滋味。菜有一頓頭、兩頓頭之別，船有大雙開、小雙開之分。然雖曰大雙開，究不能多請客人，故官場請客而人數多者，必用夏桂林。船菜亦嘉船，亦大用輪船拖帶，虎邱、冷香閣、楓橋、寒山寺，一日而可游兩處，朝頓八大盆、四小碗、四樣粉點、四樣麵點、两道各客點，酒用花雕儘客暢飲。夜頓十二盆、六小碗、兩道各客點。船酒菜一應主人出洋三十元，輪船外加二十元，客人各出酒錢洋兩元。亦有主人包出不費客人者，主人加出洋十六元或十二元或照到客每客两元不等。船上儘可叫局，各就自己所認識者出條叫之，名曰發符，每局洋三元，局出船坐場洋一元，在坐客人各叫一局則主人必賠叫一局為一排，或有叫兩排、三排，主人亦必須兩局、三局以賠之。有初到蘇地並無熟識倌人，則主人或在坐客人代為出條，則條上必書明某代，而局錢雖非熟識不必當場開銷，熟客則三節總付，新客則於明後日至倌人家內茶會再開銷，最好有二、三局後倌人打合請客還席總算。若一局而即付者，謂為孤孀局，倌人甚不樂於此。今將船名及停泊處所及價格開後。

夏桂林	棗市上歸涇橋堍	顧寶生	棗棧楊家弄
金阿媛	萬年橋堍	張阿土	葑門城內盛家帶
張天生	萬年橋昌記桐油行後	李掌壽	閶門外
吳雲生	新擺渡口	沈松山	胭脂河頭
光船一天六元，兩頓頭連船二十元。			

酒店

酒店隨處皆有，惟下酒物皆冷菜，欲熱菜可令酒保就近飯店喚送，亦間有自賣小炒者。九、十月間螃蟹上市，其價即於蟹殼上標明若干，二、三知已持螯對菊，亦一韵事也。

飯店

飯店隨地皆有，烹調亦不惡，價亦甚廉，費二、三角小洋即可謀一飽。如欲飲酒，紹酒、白玫瑰都有，今石路上亦有二、三店，如不喜浪費者儘可一試也。

點心店

點心店凡四種，如麵店、炒麵店、餛飩店、糕糰店。麵店則有魚麵、肉麵、蝦仁麵、火鷄麵。炒麵店則有炒麵、炒糕。看夜戲回棧，尚可喊送來棧。餛飩店則有餛飩、水餃、燒賣、湯飽、湯糰、春卷。糕糰則有圓子、元宵、年糕、糰子、菉荳湯、百合湯。

粥店

香粳米粥朝晨、夜晚都有，兼賣粽子、白糖外，另加玫瑰醬，甚為潔淨，亦暑天時衛生之一物也。

火腿熱粽子

夜靜時馬路喊賣，甚為可口，每只三十文。

書場

書場，城內外各街巷茶室都有之。其公所在宮巷第一天門，取名光裕社，均係男人，有大小書之分別。大書為評話如三國、水滸、英烈等，小書為三笑、珠塔、金扇等。坐下先唱開篇，用三弦和調，如係雙擋，坐下首而手彈弦子者為上擋，坐上首彈琵琶而唱開篇者為下擋。日擋三點鐘、夜擋八點鐘。開書規定時刻風雨不更，代價連茶小帳每客四十文，不論先生資格之高下、書場坐地之美惡，代價則統歸一律。惟以先生之高下配合書場之大小，如觀前之吳苑深處及湯家巷之茂苑、臨頓路之金谷，坐地可容二、三百人者，所排先生均係大名鼎鼎之人，稍次一等者不敢登臺。如有喜慶籌事均可延聘來家堂唱，富紳大家亦有訂定。長堂唱者，每日訂定時刻風雨不更，自組織光裕社開辦學校以來，規則井然，經社長王綬卿等竭力整頓，嚴予取締，一般社員均能束身圭璧，愛惜名譽。故特立一表，俾城廂內外以及各市鄉紳商各界延聘堂唱，或長期會書者曠可認定左列表目，按圖索驥庶不致悮。

茶室書場

牌號	地點	電話	牌號	地點	電話
吳苑深處	太監弄	五百六十五	桂芳閣	宮巷	
福安茶居	閶門馬路	一百九十八	鳳翔春	道前街	
怡苑茶居	閶門馬路	四百九十九	易安	山塘星橋	
茂苑茶室	湯家巷	八百三十九	金谷	醋坊橋堍	
玉樓春茶社	石路口	八百〇一	彩雲樓	護龍街中	
雲露閣	觀東		嘯雲處	護龍街中	
九如	懸橋巷口				

光裕社員一覽表

姓名	地點	書名	姓名	地點	書名
王綬卿	干將坊巷	珍珠塔	楊筱亭	鳳凰街	雙珠球
		毛家書			白蛇傳
		十五貫	蔣聲翔	富仁坊巷	五義圖
王效松	調豐巷	水滸			綠牡丹
黃永年	調豐巷	五義圖	吳效泉	府廟神道街	三笑
		綠牡丹	張壽雲	干將坊巷	描金鳳
陳子祥	喬司空巷	武香球			雙金錠
		小金錢	吳菊香	富仁坊巷	白蛇傳
		綉香囊	吳小舫	富仁坊巷	白蛇傳
		雙珠鳳	顧松泉	干將坊巷	珍珠塔
葉聲楊	孔過橋	英烈	朱耀祥	湯家巷	描金鳳
謝品泉	養育巷	三笑			大紅袍
徐少雲	大成坊巷	大紅袍	張壽田	郡廟前	英烈傳
		描金鳳	鄒鴻祥	曹家巷	白蛇傳
王友泉	干將坊巷	三笑	鄒鳳祥	曹家巷	描金鳳
鍾柏亭	懸橋巷	水滸			白蛇傳
陳賡林	干將坊巷	毛家書			大紅袍
何綬良	大成坊巷	三國志	周鏞江	閶門	三國志
王瀛祥	郡廟前	英烈傳	李柏泉	吉由巷	武香球
王鶴峰	富仁坊巷	五虎平西			綉香囊
何駿飛	郡廟前	三笑	陳賓南	皮市街	三笑緣
陳瑞卿	古市巷	雙珠鳳	姜鳳笙	學士街昇平橋	毛家書
吳玉麟	富仁坊巷	毛家書	王季良	郡廟神道街	英烈
		珍珠塔			征東
張子祥	閶門外倪家場	雙金錠	戴倬雲	郡廟前	大紅袍
		描金鳳	華蟾生	閶門外	描金鳳
		白鶴圖			雙金錠

姓名	地點	書名	姓名	地點	書名
王月春	閶門外半爿弄	雙珠球	周潤卿	無錫	毛家書
		白蛇傳	王玉麟	廟前神道街	雙珠球
王如香	郡廟前神道街	包公案	徐嘯雲	烏鵲橋南	描金鳳
		毛家書			大紅袍
鍾子亮	干將坊巷	岳傳	王亦泉	臨頓路桐芳巷	三笑緣
葉聲翔	富仁坊巷	金台傳	蔣一飛	鹽倉巷	英烈傳
徐玉泉	道堂巷	落金扇	談伯英	大成坊巷	封神榜
吳麗雲	蓮目巷	大紅袍	楊蓮青	調豐巷橫巷	五虎平西
祁明揚	孔過橋	三國志	劉南松	宮巷	水滸
亢鳳翔	紫蘭巷	雙金錠	馬子鰲	干將坊巷	東漢
		描金鳳	沈儉安	曹胡徐巷	珍珠塔
		落金扇	楊斌奎	吳署前	大紅袍
王曉峰	干將坊巷	西遊記			描金鳳
		金台傳	許繼祥	溫家岸	英烈傳
		鐵公鷄	朱稼生	干將坊巷	雙珠鳳
陳蓮卿	喬司空巷	武香球			七義圖
		綉香囊			落金扇
		雙珠鳳			黃金印
		小金錢	李漢臣	溫家岸	岳傳
周熊飛	松鶴板場	英烈傳	錢一峰	干將坊巷	大紅袍
張震伯	干將坊巷	隋唐	汪如雲	桃花橋新橋弄	三國志
		後水滸	孫玉麟	司前街	珍珠塔
唐再良	郡廟前磨坊弄	三國志			雙珠球
俞吟儒	喬司空巷	毛家書	朱承田	宮巷	五義圖
潘蓮艇	干將坊巷	三笑緣			綠牡丹
		落金扇	魏晉卿	富仁坊橫巷	珍珠塔
吳小松	調豐巷	描金鳳	王杏生	干將坊巷	珍珠塔
		白蛇傳			毛家書
吳小石	調豐巷	描金鳳	汪雲峰	平安坊	金鎗傳
		白蛇傳			綠牡丹
陳雲鵬	大成坊巷	五義圖	楊蘭亭	富仁坊巷	落金扇
		綠牡丹	唐鳳雲	宮巷	白蛇傳
朱筱泉	大成坊巷	雙珠鳳			三笑緣
唐芝雲	護龍街樂橋堍	描金鳳			雙珠鳳
		雙金錠	張小青	草橋下塘	描金鳳
朱浩泉	史家巷	下江南			大紅袍
		三國志			雙金錠
		五虎平西	胡錦帆	郡廟前	萬年青
周殿揚	王家巷	英烈傳			三國志
朱蘭菴	常熟南門內	西廂記	周筱春	喬司空巷西口	毛家書
		金釵記			十五貫

姓名	地點	書名	姓名	地點	書名
朱菊蓭	常熟南門內	西廂記	張少蟾	干將坊巷	雙珠鳳
		金釵記			雙珠球
張福雲	干將坊巷	描金鳳			雙金錠
		雙金錠	錢玉孫	海紅坊	描金鳳
張福田	郡廟前	武香球			三笑緣
		綉香囊			雙金錠
朱耀庭	干將坊巷	雙珠鳳	趙鶴孫	吳縣前	大紅袍
		落金扇			描金鳳
		七義圖	倪鴻祥	通關坊	五才子
		黃金印	亢勝翔	崇貞宮橋	描金鳳
錢幼卿	海紅坊	雙金錠			雙金錠
		描金鳳	王石君	干將坊巷	三國志
		三笑緣			洪楊歷史
王如松	調豐巷	東漢	俞詠春	大儒巷	毛家書
		水滸	章桂泉	桂花弄	描金鳳
朱振揚	干將坊巷	英烈傳			雙金錠
		七俠五義	周玉泉	大成坊巷	武香球
王子和	顏家巷	白蛇傳			綉香囊
		落金扇	唐鳳春	宮巷	珍珠塔
		雙珠球			毛家書
程吟梅	干將坊巷	毛家書	唐鳳岐	宮巷	光武中興
趙筱卿	吳縣前	玉夔龍	林小舫	養育巷	三笑
		描金鳳	湯康伯	閶門外仙宮里	五才子
陳士林	干將坊巷	毛家書	顧稼村	干將坊巷	雙珠鳳
		九絲套	朱賓軒	鈕家巷	三笑緣
張步蟾	干將坊巷	雙珠球	陳賓南	石灰弄	三笑
		描金鳳	徐雪麟	甫橋西街	大紅袍
		雙金錠	史竹亭	平安坊	三笑
朱秋田	宮巷	三笑緣	韓士亮	滾綉坊巷	七俠五義
		雙珠鳳	吳蘭生	仁廣里	描金鳳
		大紅袍			三笑
楊月槎	護龍街	珍珠塔			雙金錠
朱耀笙	宮巷	雙珠鳳	蕭國樑	碧鳳坊巷	岳傳
		落金扇	張玉龍	司長巷	金鎗傳
		七義圖	黃兆熊	調豐巷	落金扇
		黃金印	周沁泉	松鶴板場	文武香球
魏鈺卿	富仁坊橫巷	珍珠塔	徐月庭	臨頓路桐芳巷口	描金鳳
姜聽濤	學士街	毛家書			落金扇
姚如卿	顏家巷	珍珠塔	周潤泉	小曹家巷	文武香球

姓名	地點	書名	姓名	地點	書名
王綬章	富仁坊巷	毛家書	許漢聲	清州觀前	七俠五義
張雲亭	富仁坊巷	落金扇			英烈傳
		白蛇傳	錢雪鴻	護龍街德安里	金台傳
		雙珠球	陸康侯	砂皮巷	五才子
金繼祥	清州觀前	金台傳	錢雪峰	護龍街德安里	金鎗傳
沈勤安	干將坊巷	雙珠球			宏碧緣
		白蛇傳	許蓮峯	干將坊巷	北宋志
黃兆麟	調豐巷	三國志	王耕香	喬司空巷	三笑姻緣
金耀蓀	山門巷	落金扇	汪蔭伯	干將坊巷	隋唐
		三笑緣	蔣一麟	鹽倉巷	大紅袍
		雙金錠	吳瀛泉	中街路	雙珠鳳
吳玉蓀	調豐巷	白蛇傳	汪清泉	桃花塢	雙珠鳳
		描金鳳	崔蓮君	盤門梅家橋	三笑
鍾笑儂	懸橋巷	珍珠塔	王稼蘭	上海六馬路	雙珠鳳
楊星槎	富仁坊巷	珍珠塔	楊稼馨	齊門漁郎橋浜	雙珠鳳
朱春濤	宮巷	五義圖	楊稼斌	胡想思巷	雙珠鳳
		綠牡丹	王少泉	小柳貞巷	三笑緣
吳敏章	富仁坊巷	水滸			雙金錠
郭怡卿	喬司空巷	白蛇傳	王婉香	小柳貞巷	三笑緣
周杏泉	干將坊巷	描金鳳			雙金錠
柳逢春	干將坊巷	描金鳳	陶稼馥	史家巷	雙珠鳳
		落金扇	周蓮夫	宮巷	珍珠塔
夏蓮生	多貴橋	三笑	傅蓮英	朱家園	三笑
石秀峰	由巷	金鎗傳	吳均安	胥門外萬年橋	隋唐
		綠牡丹			

浴堂

浴堂有混堂、盆湯兩種。混堂浴者同在一池洗澡，有為病毒傳染之虞，不如盆湯各人一盆較為潔淨。盆湯又分官盆、客盆二種，今新有幾家特設人造自來石廣大洋盆，左右則又裝冷、熱水龍頭，啟閉得以自由。冬季則設有火爐，入浴時不特毫不覺冷，反覺熱度太高。陳設頗精美，手巾等亦甚潔淨，堂內剃頭、擦背、剗脚俱有。其營業時刻大抵自上午十一時至晚十二時止，特別洋盆三角、洋盆三百、客盆一百、小賬外加。今將各店號開後。

牌號	地點	牌號	地點
第一池盆湯	大馬路楊樹里	彙金泉盆湯浴堂	觀前
洞馥泉協記浴池盆湯	上塘樂榮坊	篷瀛盆湯	太監衖
雙龍池鑫記盆湯	鴨蛋橋	聚興園浴堂	太監衖

剃頭

剃頭店各街巷皆有，近來鎮江公所新定價目，以期劃一。茲將價目開後。

軋西式平頂	小洋一角錢三十
軋剃和尚頭	錢一百文
修面	七十
小孩	六十

剗脚

剗脚多在浴堂中，其價大抵一百文，擦脚、放血倍之。

洗衣

洗衣則有以此為業之浣婦，每日至客棧等處收取衣服，其價長衣四十文，短衣及襪減半，惟不甚乾淨。洗衣公司在南濠亦有來棧收洗者，惟價稍貴。

書樓

書樓乃書場之變相，概在閶門馬路。未開場時先以鑼鼓鬧場，每日午後三點鐘及夜間八點鐘著名校書必至此奏曲，三面團坐十餘人，以登檯之先後挨次輪唱一、二齣，如無點戲，唱畢卽下台，以讓後來者入坐。游客見有當意之妓女，可點戲令唱，每齣一元，大抵每點戲必二齣，以小粉牌掛出某人唱某戲牌，愈多則風頭愈足，竟有一客而點戲十餘齣者，亦有一妓而被點十餘齣者。既點戲，妓傭卽以水烟袋進，可詢明里居前往打茶會，唱畢則妓女乘轎先回，妓傭則引領客人同往，從此即為熟客。來來去去總有三、二十人，每人唱一齣，連點戲總有三十多齣，入聽者連茶花費不到一角，若祇聽而不點戲亦可消遣二、三小時，有聲有色，是游戲中之最為便宜者。初開馬路時盛行，今因生意清淡，已天然淘汰矣。

妓館

現當廢娼時代，而妓館一則或謂不當列入，應行删去，我謂不然。今雖提唱廢娼而尙未實行，我今以各項黑幕逐一揭破，使入其迷陣者得隨時警醒，亦未始非廢娼之一助也。

書寓

吳俗妓女之以賣曲為名者曰唱書，賣嘴不賣身，如魔術家柳逢春之女名也是娥者羅敷。有夫男裝打扮能說金，台傳口齒亦清爽，若有喜慶事可叫堂唱四回書，連上壽送子洋四、五元，其餘則並不會唱書，僅止能唱京戲數齣小調幾只，即俗所謂瞎盲之流亞也。每夜七、八點鐘來，十一、二點鐘去者，代價三元；另加送子上壽至天明去者名曰包天亮，價須四、五元；若瞎子則兩元，亦可唱一夜包天亮也。

長三

長三者，妓之上等者也，懸牌須報告警局，每月認花捐六元，給予佛手徽章懸掛胸前，方可應局。長三年長者曰大先生，亦曰渾倌人；處女則曰小先生，亦曰清倌人。然非處女而冒稱小先生者，實居多數，時人稱之曰尖先生。茲將其種種黑幕開後。

黑幕一做花頭

妓院中之碰和擺酒本為嫖客應盡之義務，每一節中和酒至少須六、七次。如開帳路頭（倌人進場燒路頭請客曰開帳路頭）、收帳路頭（一節收帳亦必燒路頭請客曰收帳路頭）、本家生日（即臨時丈母之生日）、倌人生日（即臨時妻室之小生日）。宣卷則係羽士誦經齋仙為待仙之別名及七月打醮種種名目，不可枚舉，均其弄錢之好題目。屆期無論生張熟魏必須保效和酒以綳場面，大房間則讓給闊少雙檯或雙雙檯，甚至成打（十二檯）以示闊綽；小房間則應酬瘟生。曾有三字經曰，妓院開，名目多，客人來，花頭大。是謂之做花頭。

黑幕二開果盤

新年正月十五以前，熟讀嫖經者類皆安坐家中裹足不前，若忍耐不住一詣情人之粧閣，龜奴立卽以果盤獻瘟生，不知以為情人之待我厚也，而豈知非厚待嫖客，實厚待袁世凱也（銀元上有袁世凱面孔）。果盤之代價，闊者開銷二十四番，至少須十二元，此時之瘟生如鼠子之誤入鉄絲籠，易進而難退也。是之謂開果盤。

黑幕三雙下脚

每逢冬至及新年擺酒開銷下脚必須加倍，是謂之雙下脚。

黑幕四吃司菜

近節之半月，廚子辦菜請倌人，倌人卽借花獻佛以請熟客，熟客例須賞洋十元、八元不等。是謂之喫司菜。

以上四幕皆嫖經上之正項開銷，其餘名目繁多。如灌迷湯、假恩情、裝時髦、假吃醋、敲竹槓、刨黃瓜、假開包、挨城門、借乾舖、抄小貨、斫斧頭、洳浴、捲逃種種黑幕，非一言所可盡。嫖長三者其愼之。

幺二

幺二者，妓之中等者也，懸牌亦必告報警局，每月認花捐四元，給予石榴徽章懸掛胸前方可營業。名目雖為中等流品，實至混雜或自野鷄高升，或係長三下貶，其出產地則多屬揚州、鎮江，故亦云揚帮。么二妓院中之妓，非十五、六歲之幼女卽近三十多歲之醜婦，欲求一恰好年齡秀色可餐者，眞百無一二。此等妓女專講實事，茲將其黑幕開後。

黑幕一喊移茶

嫖客進院，龜奴擴其破竹之喉高喊移茶一聲，則脂粉隊整旅而出牛怪蛇神，前擁後擠面面相覷，其際臨時，闊大少儼兵點將氣概何豪雄乃爾，洎乎唇一動、手一指，不入選者紛紛倒退，入選者陪同嫖客携手而入綉閣，亦一時之勝舉也。入房後例須裝乾濕一擋客給洋一元，此扳相好之起點也。是之謂下地獄。

黑幕二菊花山下擺酒

菊花山者，以無數之落脚菊花置之客堂中之破檯破櫈之上，周圍裹以青紙堆積如山，故名為菊花山，此為么二妓院中獨得之權利，每歲必大出風頭一次。凡嫖客之常往走動者，必擺酒一檯，樓上樓下擺滿酒席，甚至天井之中墻門之內團團圍滿，寸步難行，屋小人多，穢氣難聞。是謂之賞菊花。

黑幕三揩油水

客既住夜，妓女則強客人買小點心及粥菜、水菓、糖炒栗子等，妓傭則來湊百家錢，在在需錢另行花費一、二元猶意中事。是謂之揩油水。

黑幕四吃水菓

時髦么二夜夜滿廂，生客初到付洋六元便可使其身倒下，尋歡徹夜，是謂之六跌倒。甚有妓女瞞住本家，日間偷渡以抄小貨，則其身之不潔可知。嫖客貪一時之歡娛，貽無窮之後患，小而遺精白獨，大則横痃下疳楊梅結毒爛鼻透頂。是謂之喫水果。嫖么二者尤宜慎之。

野鷄　花烟間

凡不入行之事物皆謂之野雞，故長三、么二以外之妓女亦稱野鷄。野鷄亦必報告警局，每月認花捐二元，給予蘋菓徽章；花烟間每月認捐一元，給予百合徽章，懸掛胸前方可拉客。野雞多在馬路左右至胥門，泰讓橋南北兩埦為花烟間，沿路拉客廉恥全無，見有行人過其門，無論老小即高聲呼喚來耍，甚至強拉入室。日間拉到客人進門卽強其關房門，夜間則勒令住夜，客以既被拖進，以為偶一為之，未必卽為染傳，不知此等賤妓，梅毒十有八九，比之長三、么二尤為危險，其梅毒之傳染殆無有能免者。凡我青年切勿嘗試，以貽後悔，慎之，慎之，勿謂老人嘵舌。

旅蘇必讀初版第四集

旅蘇必讀初版第四集

蘇州吳縣陸鴻賓璇卿編著

餘興

蘇城內外街巷地名巧對

柳巷／花橋	蒼龍巷／白馬橋	三多橋／九如巷
二馬路／五龍堂	十郎巷／七公堂	蟛蜞巷／螺螄橋
三山街／雙井巷	黃瓜橋／紫蘭巷	迴龍閣／殺猪衖
丑弄裏／申莊前	鷹揚巷／鶴舞橋	鐵瓶巷／寶帶橋
桑葉巷／桃花橋	雙林巷／百善橋	鈎玉巷／剪金橋
修仙巷／渡僧橋	長春巷／消夏灣	采蓮巷／迎楓橋
蒲菱巷／木杏橋	水潭巷／石岩橋	幽蘭巷／甘棠橋
養育巷／慈悲橋	蒼龍巷／烏鵲橋	九勝巷／三多橋
鶴嘴口／鵝頸灣	麒麟巷／駱駝橋	賽兒巷／思婆橋
因果巷／興隆橋	螃蜞弄／鷺鷥橋	孔副司巷／管太尉橋
周五郎巷／陳千戶橋	朱進士巷／錢都尉橋	胡相思巷／保吉利橋
寶林寺前／鐵瓶巷口	燒人場／殺猪衖	花巷／草橋
吉慶弄／平安橋	如意弄／平安坊	美人衖／黃婆橋
學士街／財神弄	唐將軍弄／周太伯橋	六門三關五鼓樓／七塔八幢九饅頭

調寄憶江南

蘇州夢十三闋（葉中冷著丹徒）

蘇州夢，曉泊滸關時，記得推篷看露鬢，吳山一個一西施，髣髴畫中詩。

蘇州夢，低首可園門，三宿空桑仍墮刧，七年落葉足銷魂，海水未能吞。

蘇州夢，拖屐過滄浪，雪白藕花初出水，粉紅亭子有斜陽，濯足更誰狂。

蘇州夢，獨自訪寒山，古寺松姿曾轉翠，小橋楓叶不成丹，饒舌學豐干。

蘇州夢，記得虎邱遊，片石頭邊圍說法，小舟唇上坐吟秋，明月送人愁。

蘇州夢，塢裏問桃花，薄命才人唐伯虎，桃花庵子更誰家，花落夕陽斜。

蘇州夢，記得集怡園，詢榜碎嵌姜柳句，茶甌分吸陸盧仙，影裏悟因緣。

蘇州夢，水石愛西園，未許持竿窺溜鯽，不妨投餅施靈鼋，活潑了人天。

蘇州夢，園墅為誰留，赤字雙旗新病院，紅欄九曲舊迷樓，刧後亂鶯愁。

蘇州夢，花木植園多，竹所千竿通曲徑，瓜棚一角託微波，月落尚聞歌。

蘇州夢，北寺塔曾登，茂苑風光芳草遍，太湖烟水夕陽澂，人在最高層。

蘇州夢，風月醉金閶，盤膾魚腸生劍氣，簾垂鳳眼盪花光，安得萬千場。

蘇州夢，百唱續吳謳，水軟山溫花蘊藉，浮生正合住蘇州，萬事且休休。

姑蘇竹枝詞

錄吳語報金南屏作

元妙觀中散步遊，彌羅寶閣問誰修。
巍巍玉帝今何在，階下石盂水自流。

洪楊刦後寶閣失修，清同治間浙江胡雪巖重為修葺，民國建元不戒於火被燬，迄今未復。

寂寞荒凉貢院前，依然雙塔峙西偏。
三吳不少文人輩，記否當初考試年。

貢院原在崑山，洪楊刦後被燬無存，郡紳籲請疆吏改設蘇州，集資建築四十餘年而科舉廢弛，滿目凄凉不禁有滄桑之感。

輝煌殿址舊皇宮，拜跪衣冠禮制崇。
今日築成通俗館，朝房猶是列西東。

皇宮，前清時凡遇詔書到蘇必至皇宮開讀，巡撫以下官吏皆行三跪九叩首禮。自民國成立，階級平等，今改為通俗教育舘，屋節墻垣昔之或赭而或黃者，今變為或黑而或白矣，是亦廢物利用之一道也。

燕燕鶯鶯伴寂寥，觀音閣畔景蕭條。
而今欲往尋花柳，都說閶門鴨蛋橋。

觀音閣碼頭在倉橋浜下塘，前清時有名妓女皆築香巢於此，今則雲集於鴨蛋橋畔矣。

歌曲

中元節游虎邱景

（茂子）

火燒七月半呀，俗語盡喧傳，果然格熱得滿呀滿身汗呀，靜坐末，書齋嘸伴玩，手執那個芭蕉末，不呀不停扇。

忽聞滴鈴鈴呀，卻是電話聲，連忙格立起來呀來接應呀，原來末，知友慶菴君，相約那個同游末，中呀中元景。

整衣出門檻呀，却好慶菴來，携手格同行步呀步徘徊呀，一路末，走出金閶關，微風那個拂拂末，撲呀撲面來。

一直向前行呀，吊橋到來臨，人煙格稠密鬧呀鬧盈盈呀，兩傍末，店鋪密層層，轉灣那個向北呀，上呀上渡僧。

走到山塘街呀，辰光十點外，笑問格慶菴何處去玩耍呀，彼云末，一路信步跨，何必那個預先末，盤呀盤問啥。

有只宋祠堂呀，半夏有名望，世傳格秘製眞呀眞良方呀，咳嗽末，吃子就能爽，順氣那個消痰末，銷呀銷路廣。

經過山塘橋呀，游侶興倍饒，談談格說說閒話眞勿少呀，新民末，已過白馬橋，一路那個風景末，實呀實在好。

毛家橋走過呀，行無幾多路，桐橋格面浪一只鐵香爐呀，觀音末，大士名聲大，燒香那個朋友末，無呀無其數。

下橋向前行呀，穿過洞子門，翠雲格已過半塘到來臨呀，報恩末，寺在面前存，御筆那個古跡末，嘸呀嘸淘成。

楊柳樹成羣呀，祠堂密層層，節孝格牌坊數呀數勿清呀，歷代末，傳流到如今，先聖那個古賢末，多是有名人。

青山綠水橋呀，五人之墓到，明朝格傳流到呀到今朝呀，殺身末，成仁志氣高，博得那個英名末，青呀青史標。

對岸普濟堂呀，功德實在廣，相近格毗連有只清節堂呀，裡向末，婦女居無郎，節烈那個可敬末，又呀又芬芳。

步上望山橋呀，遙望塔冲霄，轉瞬格之間虎邱已經到呀，二人末，衣服盡汗潮，稍停那個喘息末，進內且逍遙。

來到頭山門呀，左右兩口井，回望格照牆刷得煥然新呀，祭壇末，坍塌已無存，路傍那個還有末，鴛呀鴛鴦坟。

走進二山門呀，哼哈嘸處尋，憨憨格泉水碧呀碧波清呀，若患末，目疾洗眼睛，登時那個就此末，放呀放光明。

來到枕石邊呀，相對有試劍，擁翠格山庄造在半山間呀，曲折末，玲瓏難遊遍，不波那個艇子末，還有駕月軒。

走進冷香閣呀，梅樹遶屋角，登樓格休息泡呀泡盌茶呀，豁人末，心胸空氣足，近矚那個遠眺末，風景多多化。

對面獅子山呀，相接是靈巖，七子格上方還有天平山呀，更看末，鐵路東西攬，瞬轉那個火車末，已過滸墅關。

看過諸山峯呀，回眸經向東，遙望格蘇台彷彿煙雨中呀，秋高末，氣爽天際空，北寺那個寶塔末，高在九霄中。

有只二仙亭呀，傍側眞娘坟，仙人格石洞相對石觀音呀，生公末，台上風涼乘，頑石那個點頭末，聽呀聽講經。

千人石眞大呀，二人席地坐，把酒格對酌笑呀笑呼呼呀，風送末，鐘聲耳邊過，人生那個至此末，何必富貴圖。

虎邱劍池碑呀，字跡眞巍巍，血湖格池裡荷花已凋殘呀，雙吊末，洞裡劍池窺，第三那個泉裏末，多半是青苔。

五十三參徑呀，步上喘弗定，大殿格浪向供尊觀世音呀，中央末，一盞玻璃燈，鐘鼓那個擺在末，左呀左右分。

緩步內園來呀，亭內供御碑，書法格縱橫眞呀眞氣概呀，七層末，寶塔如筍栽，可惜那個失修末，弗能登高覽。

遙望後山門呀，下有百步徑，石壁格裏向聞說有仙人呀，賴債末，廟在山後身，滿園那格樹木末，密呀密層層。

曲徑幽處精呀，禪房花木深，竟日格游覽景緻還未盡呀，金烏末，漸漸向西沉，仰見那個當空末，推出月一輪。

皓月在天心呀，高照大地明，相將格俱去下呀下山林呀，忽聞末，遠處更鼓聲，明月那個相送末，轉呀轉回程。

握別慶菴君呀，徐步轉家庭，自鳴格鐘浪拾點有餘零呀，夜膳末，餐罷就安寢，一忽那個睏到末，大呀大天明。

今朝起子身呀，嘸不啥正經，就將格昨日景緻來唱明呀，不過末，肚裡草包能，要求那個閱者末，原諒頂要緊。

新觀前景

（錄吳語報老蘇）

空閑無事體呀，唱唱觀前景，元妙觀裏向呀，攤頭擺端正，說書傀儡戲呀，外加西洋鏡，幾化小寶寶呀，走進耍貨門，拿着白相物呀，面孔笑盈盈，品芳三萬昌呀，茶客密層層，蓬子茶館裏呀，半是鄉下人，酒釀點心攤呀，吃局還干淨，鉄塔說因果呀，獨唱淫戲文，走進三清殿呀，香客嘸淘成，太太奶奶篤呀，乞丐後頭跟，一出正山門呀，大街軋得狠，幾爿金子店呀，恆孚最頂眞，銀匠首飾店呀，裝璜來得精，綢緞顧繡店呀，看亦看勿盡，香粉店裏向呀，花樣說勿盡，水菓野味店呀，山頭擺齊正，書坊藥房裏呀，倒亦勿算清，珍珠寶石店呀，扎得花樣新，要買南貨吃呀，孫如號最靈，茶食糖蜜餞呀，到底稻香村，青鹽製橄欖呀，采芝齋出名，雲露泡茶吃呀，洋檯看野景，要吃大肉麵呀，最好觀正興，絲線店裏呀，帶買化裝品，踏進生春陽呀，南腿要嫩精，夥計看野眼呀，切切嘸淘成，街上小滑頭呀，東走再西奔，看見年輕女呀，拔脚望後跟，碰着躺白貨呀，膀子就吊成，男女一淘走呀，女要近男身，勿怕別人說呀，肉麻當有情，走得肚裏餓呀，踏進徽館門，奔到樓上向呀，男女遂座定，喊個堂倌來呀，點兩只拆盆，下子門帘吃呀，熟人踏勿進，種種臭花樣呀，我亦說弗盡，手裡絲經絹呀，臨別送情人，世界淫風盛呀，閨女要謹愼，規矩面孔人呀，油嘴插勿進，若動憐愛情呀，孽緣馬上成，滑頭起頭好呀，將來勿認人，弄出事體來呀，上海南京遁，失身小姐篤呀，納亨好攀親。

老蘇按，吳中淫風日盛，每當夕陽西下，野鴛鴦對對出遊，恬不知恥，故下半節警告我青年女界語云，一失足成千古恨，願女同胞其愼之。

眞正吳諺

（錄戚飯牛著，陸璇卿參加）

中國諺語，吳中最多，然有可移置他處者，亦不少。茲將眞正吳諺，彙錄於下。

蘇空頭
冷水盤門
眞虎邱假虎邱
元妙觀裡看大水潭
葑門老鄉紳
吃茶三萬昌撒尿牛角浜
迷趣眼望太湖一浪白
吃殺臨頓路着殺護龍街曬殺十全街
到子香花橋喊寃枉來勿及哉
阿姆出租蘇到王廢基上去掘九缸六十甏

先有寒山寺後有姑蘇城

南濠彩子北濠燈閶門城裡軋殺人

九都十三啚五人之墓擘對過黃墻頭裡是老家裡

吳趨坊看會老等

西園去看娘舅

中街路口個鬼揀善格迷

關上二小姐

楓橋打聽米價

六門三關遂打過

横涇燒酒有花頭

木瀆鼓手一套頭

善人橋橋善人不善

西新橋糰子雙擋

木鐸巡檢司吃糧勿管事

横涇糞桶

黄埭香瓜瞎扦

懊佬黄石橋

赤脚荷花蕩

陸墓鄉紳瓦老爺

寒山寺裡個鐘懊佬來

南濠火着帶脱小洙弄

觀音山轎子人抬人

上方山陰債還勿清

靜靜然虎邱塔

黄埭娘姨

蕩口大姐

眞吳諺

（錄吳語牛伯伯）

吳諺多若烟海，儘有各處通行者，惟下列數語，祇有蘇州城裏人談道，他處萬萬不可移易。

五湖四海夾條溝，虎豹獅象夾只狗。

鼉鼉蛟龍夾條鰍，彭宋潘韓夾家周。

清初彭、宋、潘、韓四姓，皆為蘇城狀元宰相人家，獨白塔子巷周氏，富而不能顯達，捐納一花翎頂戴，誇耀於隣里。時人譏之，故作此語。若不記載，後將失傳，再隔二、三十年、無人能道矣。

申大娘娘打巷門

申大娘娘，張氏女，為明狀元宰相吳縣申時行文定公之母，精明幹練，與別姓人家奪埠頭，故有打巷門之諺。

蔣家裏租米，上臘浪

上臘浪，猶言趕上前去也。蘇城■戶推蔣家最頂眞，佃戶須在限裡早納也。

徐家弄口糟乳腐

蘇城齊門下塘徐家弄之口，有復茂荳腐乾作，善製酒糟乳腐，其味可口。每歲五、六、七月，無數小販至復茂販磁砂罐，肩挑竹担，長街短巷喚賣也。雖屬小本生涯，利亦不薄。今復茂閉歇矣，相傳復茂係明末之店，千古無不散之筵，觀此大可生感。

吳諺詳解

（錄戚飯牛著）

天官賜：嘗見有縮脚詩，天官賜亦然，言福字輒以代之。

瓦老爺：獃子吳人稱謂，瓦老爺與壽頭麻子同一意義，即北京語傻子是也。

徐大老爺：與拆老意思同。

扁面孔：紙紮之輿夫，面目手足無一不扁，故曰扁面孔。坐扁面孔轎子，蘇人用以駡人，人坐鬼轎，其得生乎。

空心湯糰：簡言之爽約也。常有滑頭大少至妓館虛張場面吃雙檯，翌日客齊菜備而主人翁杳然，妓女食此空心湯糰，莫不深惡而痛疾之。

老百脚：語曰百足虫死而不僵，其毒可想而知。今人加老字，以謚老鴇及老口妓，寓意甚確當也。

搭脚：主人與女僕有私，謂之搭脚，蘇州此風最盛。

半開門：秘密賣淫之代名詞。夕陽西下倚門賣笑以招，狂蜂浪蝶，往往有入其彀者。

板板六十四碰碰脫褲子：不苟言笑，不輕舉，不妄動，
祇消洋錢到手，無不可立時，
眞個消魂。

牽絲扳籐：糾纏不休之謂也。測其詞亦意甚近理，蓋絲與籐最易糾纏，牽之板之，如何能清。

碰和檯子：專供良家子弟聚賭而以抽頭為生者。

拆供老壽星：言事已成畫餅。

碰頭：遇親友於途，以文字言之即邂逅是也。

談老三：談老三不知何許人也，以其行三因而名之，與徐大老爺、拆老皆為至友。

照會：為滬上時行之名詞也，貌俊者謂之大英照會，亦稱特別照會。其法蘭西照會、普通照會，要皆區別貌之醜美。

蹩脚：落魄也。

猢猻屁股：譏兩頰敷脂紅如猢猻屁股。

大阿福：無錫有泥美人名曰大阿福，美者固美，醜者不堪矣。蘇人譏胖婦塗粉抹脂者曰大阿福。

補遺

郵政

<table>
<tr><th>名稱</th><th>地點</th><th>電話號數</th></tr>
<tr><td>郵政總局</td><td>閶門馬路</td><td>三百〇八號</td></tr>
<tr><td>又第一分局</td><td>護龍街</td><td>三百〇九號</td></tr>
<tr><td>又第二分局</td><td>養育巷</td><td>三十八號</td></tr>
<tr><td>又第三分局</td><td>醋坊橋</td><td rowspan="5">均無電話</td></tr>
<tr><td>又第四分局</td><td>覓渡橋</td></tr>
<tr><td>又第五分局</td><td>磚橋</td></tr>
<tr><td>又第六分局</td><td>跨塘橋</td></tr>
<tr><td>又第七分局</td><td>中市街</td></tr>
</table>

中華民國郵政寄費清單（一）

普通郵件

<table>
<tr><td rowspan="8">類別</td><td colspan="2">重量等類</td><td colspan="2">中國境內</td></tr>
<tr><td colspan="2">格蘭姆合中國庫平</td><td rowspan="7">第一資
各局就地
投送界內</td><td rowspan="7">第二資
各局互寄
新疆蒙古見以後
說略</td></tr>
<tr><td>十五</td><td>四錢〇二厘</td></tr>
<tr><td>二十</td><td>五錢三分六厘</td></tr>
<tr><td>五十</td><td>一兩三錢四分</td></tr>
<tr><td>一百</td><td>二兩六錢八分</td></tr>
<tr><td>五百</td><td>十三兩四錢</td></tr>
<tr><td>一千</td><td>二十六兩八錢</td></tr>
<tr><td>信函類</td><td colspan="2">每重二十格蘭姆</td><td>一分</td><td>三分</td></tr>
<tr><td rowspan="2">明信片</td><td colspan="2">單</td><td>一分</td><td>一分半</td></tr>
<tr><td colspan="2">雙（即附有回片者）</td><td>二分</td><td>三分</td></tr>
<tr><td>新聞紙類</td><td colspan="2">每束一張或數張
重以二千格蘭姆為限</td><td>每重一百
格蘭姆
半分</td><td>每重五十格蘭姆
半分</td></tr>
<tr><td rowspan="5">書籍印刷物
貿易件等類</td><td colspan="2">重一百格蘭姆</td><td>半分</td><td>一分</td></tr>
<tr><td colspan="2">逾一百至二百五十格蘭姆</td><td>一分</td><td>二分半</td></tr>
<tr><td colspan="2">逾二百五十至五百格蘭姆</td><td>二分</td><td>五分</td></tr>
<tr><td colspan="2">逾五百至一千格蘭姆</td><td>四分</td><td>七分</td></tr>
<tr><td colspan="2">逾一千至二千格蘭姆</td><td>七分半</td><td>一角五分</td></tr>
<tr><td>各類傳單</td><td colspan="2">每百張或百張以內</td><td>一角</td><td>一角
另按第二資加納刷
印物類之寄費</td></tr>
</table>

貨樣類	重一百格蘭姆	一分	二分
	逾一百至二百五十格蘭姆	二分	五分
	逾二百五十至三百五十格蘭姆 重至此數為限	四分	一角
掛號郵件 各項普通郵 件均可掛號 但於普通資 費外另加號 費即係	單 祇給郵局收條執據	五分	五分
	雙 並掣取收件人同執	一角	一角
快件	每件除普通資費外另加	一角	一角
保險信函	除按重量照納信函類之資費及 加納掛號費五分並如欲收取回 執再付回執費五分外， 所保 值價每圓或一圓以內，惟由一 圓以內至十圓其費均以一角起 算過此每圓卽以一分遞加	一分	仝上
滙兌	每元或一元以內	滙費多寡不等可向發票局詢問 惟每張滙票其費均以五分起算	

各處航船碼頭

地點	班頭日期	時間	停泊處所
常熟		下午五點	閶門吊橋東堍南北碼頭
光福	隔日班	上午九點	胥門萬年橋西堍
梅里	四日一班	下午五點	猪行埠頭
木瀆	每日兩班	上午八點 十二點	胥門萬年橋西堍
沙頭橫涇	六日一班	上午五點	猪行埠頭
沙頭	六日一班	上午五點	猪行埠頭
香山		上午八點	胥門萬年橋堍
塘市	四日一班	下午五點	猪行埠頭
石牌	六日一班	上午五點	猪行埠頭
南潯	四日一班	下午二點	犯人碼頭
震澤	四日一班	下午二點	中水弄口
盛澤	六日一班	下午五點	水關橋
湖州	六日一班	上午十點	橫馬路
新市	九日一班	上午十點	中水弄南
硨石	九日一班	上午十點	猪行埠頭
平湖	半月一班	上午十點	中水弄南
屠鎮	半月一班	上午十點	中水衖南
松江	六日一班	上午五點	閶門吊橋堍
常州	五日一班	夜九點	閶門吊橋堍

地點	班頭日期	時間	停泊處所
太倉	四日一班	下午五點	閶門內觀音閣
湘城	早班	上午九點	臨頓路底跨塘橋
湘城	夜班	下午三時	婁門外塘坊灣
望亭		上午九時	山塘新明橋堍
嘉定	四日一班	上午八時	閶門太子碼頭
瀏湖	六日一班	下午五時	閶門太子碼頭
西倉		下午五時	齊門下塘
莫城		下午五時	齊門內賭帶橋堍
陸巷		上午八時	北街奉直會舘場
汩涇		上午八時	旗杆場
太平橋		下午三時	婁門外吊橋
五瀆涇		下午二時	婁門外官瀆橋
沈店橋		下午二時	婁門外官瀆橋
唯亭		下午二時	下捧埠頭
外跨塘		下午二時	下捧埠頭
顧巷		下午二時	下捧埠頭
蕭涇		下午二時	下捧埠頭
崑山		上午八時	婁門外跨塘
正義		上午八時	外跨塘
懸珠		下午三時	婁門外擺渡口

蘇城各報社

名稱	主任	地點	電話
吳縣市鄉公報	顏心介	蘇城宮巷四十一號	七百二十號
平江日報		都亭橋二百八十五號	轉借新聞報館
蘇州日報	石雨聲	都亭橋西廿三號	轉借新聞報館
民蘇日報	李惕菴	丁家巷	
蘇醒日報	陳壽林	閶門都亭橋	
吳語	馬飛黃	蘇城高師巷	
吳聲	洪野航	都亭橋廿三號	
正大日報	王薇伯	閶門大馬路	
晨報	汪遣恨	宋仙洲巷七十一號	
晚報	周天愁	通訊處 閶門穿珠巷春茂祥 閶門西街打鐵弄四號	
蘇州商報	方半隱	桂和坊十七號	
新蘇州		蘇州	

陸璇卿著作旅蘇必讀

版權所有　不准翻印

民國壬戌四月　初版

定價每部大洋六角　同業躉批八折實收

編著人　吳縣陸璇卿

審訂人　吳縣顏大圭

出版所　蘇州觀前宮巷中　吳縣市鄉公報社

　　　　電話七百二十號

印刷所　蘇州觀西大街　蘇州華興印書局

發行所　蘇州觀前宮巷中　吳縣市鄉公報社

　　　　電話七百二十號

分售處　各省各大書坊

廣告

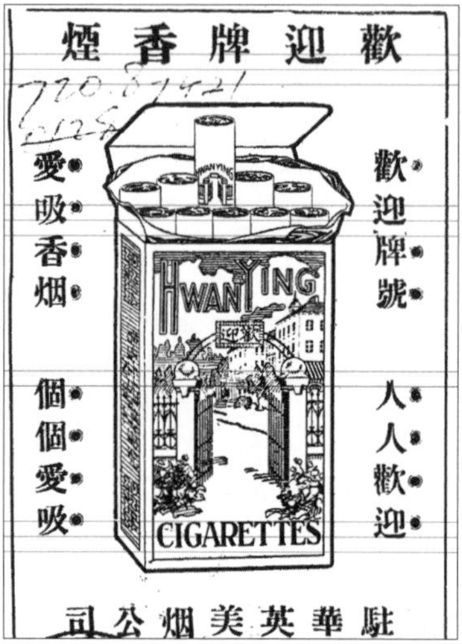
歡迎牌香煙
歡迎牌號
人人歡迎
愛吸香烟
個個愛吸
HWANYING
CIGARETTES
駐華英美烟公司

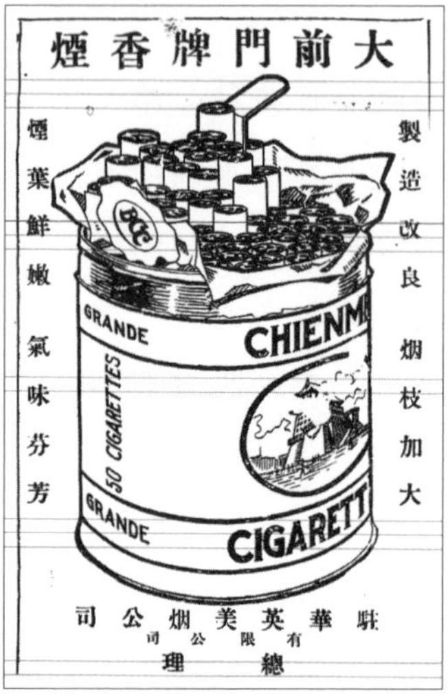
大前門牌香煙
製造改良烟枝加大
煙葉鮮嫩氣味芬芳
GRANDE
50 CIGARETTES
GRANDE
駐華英美烟公司
有限公司
總理

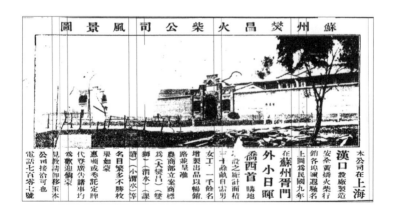

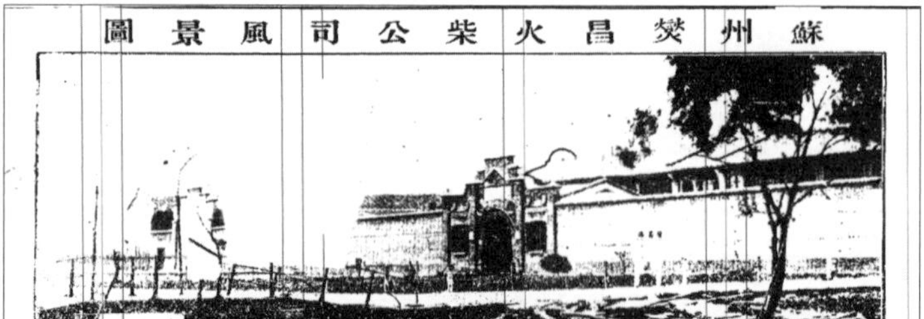
蘇州熒昌火柴公司風景圖
本公司在上海
漢口設廠製造
安全黃燐火柴行
銷各埠瀰遐馳名
上圖爲民國九年
在蘇州胥門
外小日暉
橋西首購地
設之廠計面積
二十餘畝自出男
女工一千餘名
增製出品以暢銷
路並呈准
農商部立案商標
爲（大發昌）（雙
獅）（渭水）（課
讀）（小渭水）等
名目繁多不勝枚
舉如蒙
惠顧或委託定牌
代登廣告諸事均
爲歡迎倘蒙
見教請即移玉本
公司接洽可也
電話七百零七號

吳縣

市鄉公報社主任

顏大圭君小影

電話第七百二十號

吳縣

市鄉公報社廣告

八大特色

一本報宗旨純正消息靈通既不受何種機關之補助復不供私人黨派所利用公論依傍絕無偏袒特色一

一本報取材嚴整專以要電要聞及社會新聞充我篇幅既不攙入雜組誹謗而關於有傷忠厚及類似詐欺性質之稿件絕對不登特色二

一本報信用昭著出世已逾六週蘇城各官廳各團體各學校以及各大實業家無不案置一編先覩為快此詢諸邦人士而有口同聲者特色三

一本報交通廣遠凡蘇人士之僑寓歐美日本參知故鄉近狀者無不訂購本報以正見聞而京津滬漢各埠尤有各同業之交換報以資通訊以故各大商號之登載本報廣告者效力可及於國內外特色四

一本報資料豐富見聞正確一經出版京滬各報爭先採取此有心人偶為比較十日或半月之紀載即可瞭然以故投稿本報不嘗間接遍投京滬各報之福特色五

一本報交通不但遠及國內外且普及內地吳縣二十八市鄉[illegible]莫不有本報蹤跡特色六

一本報對於本地各大商號之廣告有首先登者之信用如高等商業銀行工廠等或有不登他報之廣告[illegible]本報之廣告此可按索而知者也特色七

一本報備有大號印刷及各種字樣如有惠登廣告及[illegible]之字較多而本報可以立時[illegible]此尤為吳縣各報中之獨具特色者

蘇州

電氣廠有限公司告白

事務所在護龍街九勝巷

本公司[illegible]

[illegible]

蘇州老蘇臺旅社廣告

閶門大馬路鴨蛋橋　電話三百五十六號

本社[illegible]

[illegible]

本社謹啟

蘇州

惠中旅館

本館[illegible]

[illegible]

惠中旅館主人謹啟

最新西法改良靈藥

皮膚諸症

回春膏

專治[illegible]

總發行所　回春大藥房

英商
亞細亞火油公司
魚牌火油
亞細亞火油公司謹白

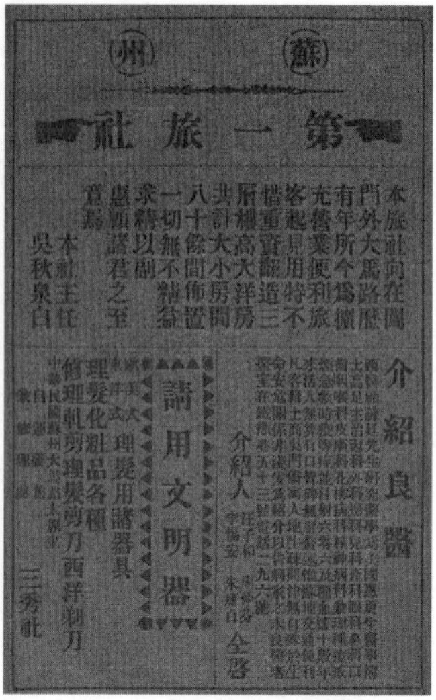
蘇州
第一旅社
本旅社向在閶門外大馬路歷有年所今爲擴充營業便利旅客起見用特不惜重資翻造三層樓高大洋房共計大小房間八十餘間佈置一切無不精益求精以副
惠顧諸君之至意焉
本社主任
吳秋泉白
介紹良醫
介紹人
全啓
請用文明器
理髮化粧品各種
修理軋剪理髮剪刀西洋剃刀
三秀社

柳逢春
魔術大家
夫魔術一道自古有之然其中之精神離奇使閱者之能觸目驚心宛似身臨其境此皆由實驗研究所得也故奇巧之幻術貴乎取用原料價值甚鉅所以多有不用鄙人不吝金錢凡各種電氣藥料均備充足以便登場獻技藉酬各界之雅意如荷 光顧早日預定是荷
蘇州干將坊巷西口
汪子敬女科
吳醫汪子敬先生爲知止老人壽生顧公之入室弟子老人精於婦科及門甚衆汪君獨得薪傳擷盧扁之精英用藥不偏夫補瀉探靈蘭之秘要處方垂調夫溫凉聲下名高里門譽美自前清光緒甲申懸壺鐵瓶巷迄今四十年矣先在典型恪守弗失方今西法灌輸而婦科中醫獨擅專長者汪君而外未易多覯謹爲宣達俾…者知所問津焉
尤先甲 顧心介
蔣季和 陸錫夫
謹白

常州（局前街）

從新整頓　特別改良　各界光顧　倍極歡迎

華商旅社廣告

本旅社開設常州局前街建造三層樓高大洋房數十幢佈置大小房八十間房價特別公道每間三角起八角止特別大官房一元普通客飯每餐壹角七分光飯六分常州各棧向來均用糊米本社特別改良購用上上白軟香頗適口冬令將屆被頭均換新花以法蘭絨做夾裏褥子光為加厚張子枕頭絲毯非常乾淨茶壺改用西洋熱水瓶使

貴客隨時有熱茶可吃其他如鋪脚爐橡皮熱水袋火爐一切冬令禦寒之具無不設備完全夜間十點鋪備有香糯米稀飯及爽口粥菜罐不取資更備筆墨信箋信封香皂洋火紙吹潤面洋蜜一件聽客使用務乞

各界光顧不勝歡迎之至

常州華商德記旅社

主任黃鷹雄謹啟

恆孚銀樓廣告

本樓創設姑蘇歷今百有餘年庚申赭亂遷移上海乙丑移回蘇城元妙觀東首甲辰分設閶門西中市大街丁巳分設上海英大馬路暨無錫北門內打鐵橋南首己未分設常熟城內縣南街北首庚申分設鹽城西門內大街暨上海南市小東門大街此外別無分枝一律取用恆孚商號上字地球商標並加雙獅爲記均經呈奉農商部批准註冊專用倣冒一體保護以杜假冒本樓不惜工本加倍上字足赤條錠葉金精造金銀中西首飾兌各國金幣專收各路礦金久已馳名中外如蒙　紳商學界賜顧請認明牌記庶致不悞

總號開設蘇州元妙觀東首電話第七十七號

支號分設蘇州閶門內西中市大街電話第三百三十號

上海英大馬路集益里口

上海南市小東門大

無錫北門內打鐵橋南首

常熟城內縣南街北首

鹽城西門內大街

內科專門醫生

日本愛知醫科大學醫學士　范補程

鄙人留學東瀛十餘年回國後任省立醫學專門學校教授並省立醫院副院長內科部長亦經七載前歲因就診者多辭去校院職務自設醫室暫定診例如左

門診上午九時至下午二時號金一角診金大洋三角出診下午四時至八時號金一角診金兩元輿金八百文拔早加晚出城均加倍　肺癆打針血清注射化學試驗顯微鏡檢查等從廉取費六○六注射及戒烟面議

醫室飲馬橋南　護龍街十二號

電話七九三號

西醫楊濟之醫生診治

內外婦兒產眼目鼻咽喉等科以及花柳皮膚精神等病兼理種痘戒煙急救服毒時疫等症並注射六零六及種血清

醫室蘇州城內宮巷中調豐巷二號門牌

電話一百九十號

京都久華樓菜館廣告

本樓開設在蘇州閶門外大馬路中已歷十有餘年所辦喜慶筵席各種菜餚鮮味濃厚烹飪精良非庸務迺早蒙諸君贊許茲因各界偕臨座位狹窄賓客擁擠有礙衛生故於去年七月內將房屋翻造特建高大洋房裝璜華麗煥然一新房間中格外寬暢布置精雅務俾　惠顧諸君宴樂之歡迎有益衛生實非淺鮮飯後酒餘從人散步俾得有易消化特於三層樓加築平台請　貴客酒後飯畢散步台畔呼吸新鮮空氣舉頭四望山光翠嵐盡在目中庶精神愉快消食易速則亦本主人貢獻　惠顧諸君之微意也器具精潔招待周到各界諸君聯袂偕臨不勝歡迎之至

本主人謹啟

[illegible]

吳縣書畫大家潘志達先生美術品

風景山水鄂渚圖冊

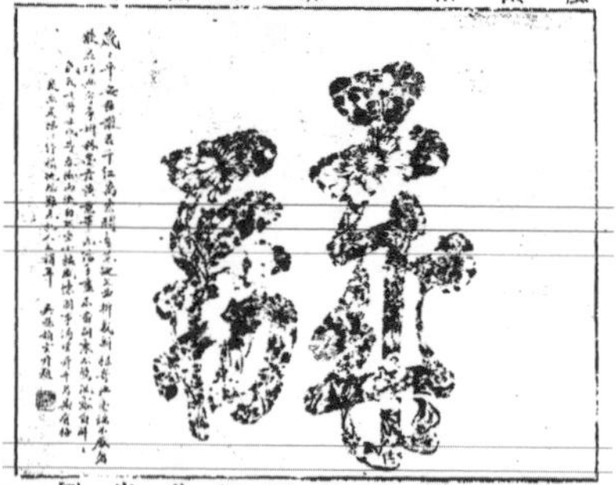

散花駢字法歲歲平安圖

美術家潘志達書畫潤例

鄙人酷嗜金石素好六法尤喜於分宗成家之外自立一幟近以時艱物遷案牘勞形不能專事而當世諸君子[illegible]相徵者[illegible]壁軸滿盈彩促偏應[illegible]殊非養性娛人之道爰與諸君約凡書字小先一旬大先二旬畫作小先二旬大先四旬庶不致物器失信特爲改訂潤例如左

品名 行楷價目 散花駢字價目 山水價目

堂幅 四尺兩元 紙詩及酬字四尺十元 [illegible]

屏條 四尺每條一元 四寸方字每字一元 每條六元

立軸 紙長面定價 按字照算 [illegible]

對聯 四尺七言兩元 七言每字半元 [illegible]

匾額 每字尺方兩元 特別尚需及當房面議

紈扇 半元 兩元 同上

摺扇 一元 四元 同上

册頁 每方一元 每字一元 每頁四元

花卉照山水八折點景工細屬題及手卷均面議撰擬金箋加倍先潤後繳

民國十年辛酉嘉平月潘識

[illegible]

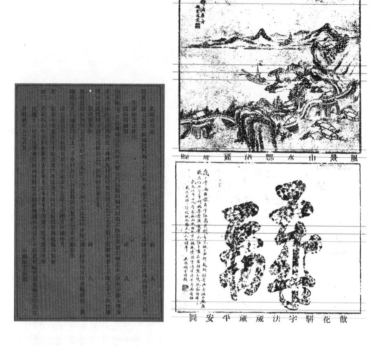

蘇州振興電燈公司廣告

歐西發明電學推行儀器爲用至廣[illegible]日出[illegible]實利[illegible]之本公司因
[illegible]於此特於前清光緒三十四年首先[illegible]集[illegible]創辦電燈公司以開風氣早[illegible]
事
宣統[illegible]有[illegible]發電機器以及[illegible]機均係[illegible]英[illegible]國名廠並有最新式之
[illegible]大機容量[illegible]足供求不[illegible]之[illegible]外[illegible][illegible]門[illegible]電[illegible]久[illegible]永[illegible]
[illegible]發達一切設多改良[illegible]完[illegible]信用昭彰[illegible]　各界歡迎[illegible]十餘年來[illegible]
[illegible]苦知有今日之成[illegible]大[illegible]易[illegible]　地方人士[illegible]力[illegible]心[illegible]
方今蘇[illegible]公司[illegible]任[illegible]以時勢之[illegible]日[illegible]開[illegible]試[illegible]
[illegible]　紳商大賈[illegible]工業[illegible]之[illegible]　惠[illegible]不[illegible]歡迎之至

本公司謹啓

（電話三百二十號）事務所發電所均在閶門外[illegible]大街

蘇州儲蓄銀行廣告

本行資本五十萬元呈奉　財政農商部註册給照特許辦理有獎儲蓄外專營商業儲蓄銀行一切業務自開辦以來營業日見發達信用昭著總行設蘇州觀東大街分行許上海南京路其他各埠均有特約代理滙兌機關異常靈通以及定期活期存放各款收買國內公債兌換各國貨幣所有交易無不公道茲爲普及儲蓄起見增加各項定期存款利率存額多寡期限長短各有規定悉聽存戶選擇詳細章程函索寄奉

一 有獎儲蓄　月存拾元月有頭獎一千五百元希望

一 谷存整付　最高年息一分二厘如一次存洋三百念五元拾五年後可取本息一千元

一 零存整付　最高年息一分二厘如月存洋一元滿拾年可得本息二百另七元五角六分

一 整存另付　一次存洋四百元每月付還本息拾元待至五年共付洋陸百元

一 印票儲蓄　大洋一角起儲積滿一元過戶登摺按年五厘計息此種最適用於小學校學生及女紅針黹儲蓄

一 支息儲蓄　最高年息一分二厘以上專爲安家守產得每月取息之便

總理洪少圃　總董鄧君翔　協董周特人　經理魯永齡　仝啓

江蘇公立醫學專門學校附屬

省立醫院

分科表

內科　外科

皮膚花柳科

眼科　耳鼻咽喉科

產科　婦人科

院址蘇州閶門外留園馬路

蘇州著名世傳老瘋科張愼甫長子筱甫

專治內外瘋症文痴武癲外皮潰爛四肢酸痛半身不遂無不藥到病治倘病家來診須認明敝藥室不誤因附近一帶均有假冒敝藥室之名在外招接望病家注意敝藥室在蘇州閶門外四擺渡北濠弄三十五號門牌對門有大照墻一所天井內有百鳥亭一只爲記認明老宅大房不誤

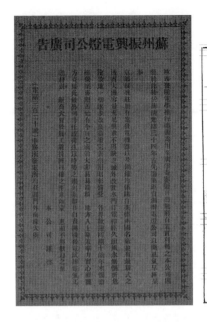

世傳瘋科老大房張瘋科藥房謹識

蘇州閶門外大馬路

各國洋貨 靈藥玩具 **商店東洋堂**

太陽啤酒 味の素 **特約代理店**

（幻術）

本社為萬國會魔術所附設面授函授各種驚奇幻術並有精美器具奉贈創辦有年且經內務部註册信用昭著茲因原址（倉米巷）不敷居住特遷至慧橋巷十一號以資擴充並訂優待辦法以享同志詳章及講義樣本片索即寄另印幻術說明書一冊內附名人題辭及銅版圖二百數十幅函索者可附郵票四角 再者本社發行之幻術講義連郵費初編仍售太洋一角一分二三編各二角一分函購郵票通用全購者若附郵票五角六分當將全書掛號寄奉

蘇州慧橋巷十一號幻術研究社啟

鐵路飯店

本店開設蘇州閶門馬路新造洋式房屋異様花園器具全新清潔非常冬令則裝置火爐寒氣全消一室融和暖如春夏令則更添電扇空氣流通清風習習涼爽如秋寒暖不知冬夏咸宜並分設男女浴間中西菜飯倘蒙中外貴客光臨不勝歡迎之至謹識

大小官房三十餘間

特別官房五元 官房兩元

洋房一元五角 客房一元

西法大菜 以每客計

早餐七角 小食一元 大餐一元

另盆每盆二角五分 房間包吃二元五角

下午茶四角 另有（一元五角）（兩元）（兩元五角）（五元）各大餐均須預定 （電話八百二十號）

介紹西醫張鐵夫先生

現懸壺蘇州橫馬路五十二號精治內外各科向在江蘇省立醫院充任醫員經驗有素學識淵博對於病人無不懇切診治同人等素信其忠誠意厚就治者皆手到病除誠堪稱蘇州之良醫焉敢為之介紹

門診 時間上午十時起下午六時止出診隨時 診金三角 出診兩元

馮世德 張宗勤 周猷 王紹珍

張逑賢 曹石卿 秦紹文 仲蓉源 同啟

蘇州 萬年青番菜館

本館開設蘇州橫馬路同樂坊口歷有年數專辦各國番菜泰西名酒罐頭食物無不價廉物美現又改建三層樓房空氣流通器具全新座位寬暢冬夏咸宜招待週到倘蒙各界惠臨不勝歡迎

本館主人謹啟

中國南洋兄弟煙草公司

數百年來 顧我諸君

漏巵無量 各具熱腸

金馬長城 價廉物美

大放奇香 請購試嘗

本公司出品金馬大長城香烟係最完全之國貨十支五十支裝各處烟店均有代售

蘇州

新蘇臺

三新

旅社廣告

蘇州閶門外鴨蛋橋下新蘇臺旅社新建三層樓洋房四十幢佈設大小房間八十間

蘇州閶門外廣濟橋下三新旅社新建三層樓洋房六十幢佈置大小房間一百餘間

以上二社均由鄙人經理設備完全招待週到帳子被頭線毯枕頭異常乾淨棕墊均用布套以免臭蟲做窠夏天包無臭蟲　貴客光顧儘可高枕無憂冬令有橡皮熱水袋以燙手銅脚爐以燙脚茶壺均用籐茶桶使　貴客隨時有熱茶可吃此外香皂牙粉牙刷板刷筆墨信紙信封洋燭洋火紙吹封信漿糊潤面洋蜜一切均聽　貴客使用不取分文務請各界光顧不勝歡迎之至

黃駕雄謹啟

柳村照相社

蘇州觀西大街

吳中全景分類出售

十二張為一組分元亨利貞為四組每組售銀一元購全景共四組裝成洋裝一厚册售銀五元五角外埠加郵費一成

本社謹啟

電話二百十七號

女醫士曹雪芳廣育產科醫科

門診上午十時至十二時祇取號金錢六十文藥資
在外出診下午四時至七時本城醫金洋兩元藥另
購興登在外請女醫士收生上等二十元中等十五
元平等十元遇有難產路遠均面議預請復診照診
例興資外加住局產育者須先納收生費二十元每
日計膳宿看護費一元如隨帶僕役宿每人每日計
膳費二角五分未局種痘每名五角如延請到家照
出診例星期日除急症外概不診治惟產科不論何
時隨請隨到凡貧苦乏力者均可特別酌減地址皆
門內衛前街四十八號門牌
電話七百九十二號

七子山 顧允若世醫遷蘇

顧氏世醫居七子山數百年今允若先生即前名醫
庭綱公之世孫精安先生之哲嗣承其家學益以心
得兼擅內外男女各科傷寒尤為專門先生於脈理
一門精驗有素臨證時詳議病源必有剛决斷語合
人信仰客見有患重病而他醫拒絕者卒賴先生治
愈行道念載活人無算惟先生山居交通不便經同
人挽勸遷居蘇城胥門內富郎中巷四十三號病舟
可停診所後門吳縣學塲河內

宜揚人吳陰培張一麐等同白

世醫 潘氏女史子惠君專門眼科

醫室在觀前宮巷中蔡匯河頭十一號門牌專治眼科各症無不藥到病除効驗立見兼兌各種極品眼藥凡患目疾者盍往試之方知言之不謬也

只此一家　並無分出

蘇州 天豐協記赤金舖

本舖開設蘇州觀前大街洙泗巷東首雲露閣茶室對門新造洋式門面發兌古法加拾擴字足赤條錠葉金中西時樣金銀鑲嵌首飾花色俱全工資從廉如蒙惠顧無任歡迎

電話四百四十號

蘇州 侯錫藩醫生

診治中西內外以及花柳皮膚精神等病兼理種痘戒煙急救時疫并注射六零六各種血清時間上午九時至下午一時止出診下午二時以後急症隨請隨到醫寓在蘇州喬司空巷二十三號（電話七十二號）

德昌懋參號

本號從吉林駐蘇向做大宗批發民國以來商業尚競爭是以本號於拾五週紀念時特將各貨一律折價優待門莊遞豪各界爭先賜顧敝主人歡迎之餘無以報答故今仍將大山人參官燕銀耳鹿茸血片枷南玉桂於潛野朮正灊台鬚真西洋參各種細藥等再行織縮廉價以售敝主人區區之忱聊酬惠顧諸公之盛意耳凡遇添需務乞心照爲荷

兼售周氏秘製調經止帶丹每粒一角每打一元

蘇州護僧橋北直街山塘十二號門牌小郵弄前首石庫門內

蘇州 徐全泰賽銀徽章首飾號

本號向設觀西大街一百七十六號門牌歷五十餘年專辦純質五金原料延聘優等技師根據理化發明鎳錦賽銀電鍍製造新式賽銀首飾各界嘉禾徽章獎品全席桌面盃碟超此官禮器皿以及煙袋帳鈎等發綠袋等無不嶄新鮮明玲瓏奪目花式奇異應有盡有匪特與眾者無別且可耐久而不變色價既便宜居家適用誠價廉物美之佳品本主人謀信用之鞏固故各種出品無不親躬督率故品質稱良經久不壞倘蒙　賜顧取價極廉以廣招徠應請各界注意定貨約期不悞特此敬佈

蘇州四世祖傳瘍科張慎甫子仲甫醫室

向在蘇州閶門外北濠街四擺渡三十七號門牌認明花園洋房不悞專治各種瘋症及文痴武痴半身不遂外疾撲傷並配合各種藥酒藥水丸藥瘋癱舊並打藥木針萬病速效自民國元年分診在上海老[illegible]塊板木行隔壁三百八十四號門牌每逢陰曆初一 初六 十一 十六 二十一 二十六[illegible]仲甫醫室祇蘇申兩處別無分室

介紹良醫

啟者[illegible]先生住蘇州婁門內倉街專醫跌打損傷骨入骱[illegible]尤爲蘇城第一聲生上年冬往晒台晒[illegible]不[illegible]台年久失修擱梁忽斷自上墮下左腿骨[illegible]先生醫治今已如舊恐[illegible]名根生從此改名[illegible]生以誌先生大德感恩不忘傷害[illegible]上等一元 中等七角 普通五角 [illegible]生謹登

太乙廬秘製婦科聖濟丸

古人治氣血以四君治血虛以四物氣血俱虛乃治以八珍未聞能[illegible]數治者本廬主人家藏秘方名婦科聖濟丸常服則調和八脈臨危則藥到病治百餘年來常年製送活人無算近來見索者多難以力薄難乎爲繼朋輩慫恿特照藥本平價出售每丸大洋二角如有好善君子代製全料以備施送價更克己外埠同志願代分銷請即賜函接洽可也此啓

總發行所蘇州倉米巷二十九號

宋公祠益壽齋秘製陳皮半夏

宋公祠益壽齋向在姑蘇閶門外渡僧橋北堍分設上海法大馬路興聖街[illegible]門內自置新公創製發貝陳皮消痰半夏[illegible]手秘製香薄荷等功味雙美有口皆碑[illegible]各省及南洋群島由明代迄今[illegible]另開秘製[illegible]房製藥故方不外傳子孫不傳女婿近有無恥之徒造僞冒仿[illegible]計在滬利[illegible]品係[illegible]賜顧無天[illegible]特[illegible]明賜顧者务注意爲荷

益壽齋主人宋[illegible]謹[illegible]

戈裕慶堂老二房

家傳二百餘年秘製半夏

世居蘇城臨頓路顏花橋南五百二十三號門牌
分銷上海小東門城內署前路第一百八十二號

戈裕慶堂秘製半夏專治痰疾症重者每服三錢症輕者每服一錢凡高年患痰疾者尤宜日服一錢夏用井花水春秋冬以廣陳皮湯或百滾水候溫調服以手摩運腹上數千遍連服三五朝痰從大便而出功效如神幸勿輕忽爲要

一治中風不語 一治半身不遂
一治痰飲哮嗆 一治痰積眩暈
一治冷哮痰嗆 一治痰厥卒倒
一治痰疽瘰癧 一治小兒驚風

啓者本堂創製半夏自高祖 諱 宙勤 字 竹安 曾祖 諱 洪儀 字 嶺梅 祖 諱 昌善 字 瀛洲 父 諱 日樑 字 小洲 先兄 名 濟祥 號 燕庭 晚 濟瑞 號 輔庭均單傳並無分支自乾隆迄今已歷二百餘年四遠馳名織因有假冒 戈裕慶堂 牌號冒認本堂子孫更有以 干 字篡作篆文（形同 戈 字）假冒本堂 戈 字使主顧訛認且有搭串航船及信局夥友使用大注圖扣種種欺詐手段有悞主顧疊經于同治五年稟元和縣陶邑尊上海縣袁邑尊光緒二十四年稟蒙上海縣王邑尊光緒二十六年稟蒙蘇州府濮太尊均經出示勒石永禁各在案現經防悉又有人在上海漢口等處以低僞之貨祇知牟利不顧人生命假冒本堂牌號到處兜攬悞人生命除派人訪查解究外爲合聲明凡 賜顧者務請認明 戈裕慶堂內有各憲告示碑文[illegible]不致悞

蘇州飯店

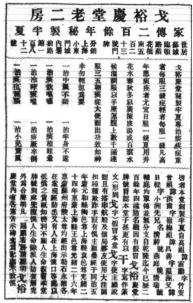

開設蘇州閶門馬路廣濟橋堍本店現在起造洋式水門汀高大樓房二十餘間配置大小官房三十餘間全用洋式器具官房則銅床綢帳華麗非常客房亦羅帳鐵床精雅絕倫冬令裝設火爐四面均用窗幃夏令添備風扇門窗全用鐵紗冬夏咸宜寒暑不知請客則有電話消息靈通喚人則有電鈴便利非凡菜餚則中西兼備車馬則聽憑呼喚至茶房之伺候遇到交通之來往便利猶其餘事也現在將次工竣即當開幕倘蒙中外各界貴客 光臨不勝歡迎

蘇州飯店賬房謹識

蘇州楓橋華盛紙版廠廣告

鳳凰商標

紙版一項我國古法製造粗陋不耐久用因之機製外貨輸入年來需用浩繁銷行益廣考厥機製之品細堅耐久實遠過古法所造相形之下優劣自判難與爭競以致古法漸歸淘汰環顧我國經營機製事業者不勝枚舉獨於此項紙版全國未有創辦坐使利權外溢莫可挽救良深惋惜本公司有鑒及此爰集巨資購機做製所取原料剔選精潔故出品細堅光潔實駕舶來品之上計分五六八十十二十四十六號七種自去冬銷行以來頗承社會歡迎近更增添機件加製厚紙版多種自二十號起至四十八號止約於年內出品俾使書局皮箱各家無向隅之憾茲爲提倡國貨起見定價格外從廉以廣招徠倘蒙愛國諸君惠顧無論現貨定貨一概歡迎如欲定製尺寸大小均可隨意改做俾求合用而副 賜購之雅意是爲啓

蘇城大成坊十五號

發售洒繡　出賃禮服

華麗購賃禮服公司

中西物件朝披時式紅裙帳沿床幃
洋枕簟紗掛件孩兒洒繡各種異樣
衣褲大常禮服估裝物件生巾
各界四季男女禮服皮靴珍珠大小
頭面五色西裙葷素朝披晨時兜沙
手套天幔地毯和合緞幃綵綢

◀電話九九號代收▶

蘇州中國華安合羣保壽公司
大中國水火保險公司

本公司均設在閶門外橫馬路南陽里口第一號大洋房內如蒙各界保戶接洽請至該處無任歡迎

駐蘇總經理沙子愼謹啟

共和旅社

本旅社開設蘇城元妙觀爲商業最繁盛之中心點富商大賈貴紳學界來蘇旅行無有不至元妙觀者敝社有鑒於此並爲貴客計圖便利起見特於觀前宮巷碧鳳坊巷創造三層樓房布置大小官房三十餘間空氣流通冬夏咸宜器具全新配置精雅交通便利伺候週到倘蒙
各界惠臨不勝歡迎之至

本社謹白

蘇蘇醫院

本院主任西醫胡韶成陳志遠二君統治各科戒煙肺癆花柳病概用新藥注射及各種清血注射均積有經驗痛苦毫無效驗神速有病者早來醫治爲幸
時間門診上午九時至十一時下午一時至三時出診下午四時以後
診例門診三角出診三元落鄉面議
院址蘇城飲馬橋南首
電話七百九十四號

蘇城元妙觀西察院場口

張義興籐器

本號自造
新樣籐椅
風凉籐轎
旋枕半床
玻面籐几
四輪籐車
小孩臥床
雙孩坐車
游歷籐箱
自由燈架
小孩高椅
各式花樣

西洋籐器
西式籐床
新式沙發
脚踏眠椅
六角籐檯
三層花架
孩兒搖籃
籐心元羅
手提籐夾
加枕貢床
擱手搖椅
一應俱全

胎產金丹

沈氏仁壽天小二房秘製家傳人
葠胎產金丹發兌處蘇州護龍街
通關坊口朝東第九十五號門牌
認明地點庶不致悞

蘇州

華興印書局

本局自辦泰西各種機器聘請名手
專印中西書籍報章五彩石印圖畫
股票文憑商標證書禮券喜帖訃聞
哀啟傳單名片以及木印信箋簿册
招貼並代鑄銅版鋅版珂羅版等各
色俱全一應印刷物品應有盡有無
美不備自庚申年九月間開辦以來
所出印品謬承各界贊許良以本
局出品精良取價從廉定貨迅速約
期不惬有以致也倘蒙城鄉各界
惠顧曷勝歡迎之至本主任謹告

發行所觀西大街

中國近代歷史城市指南

City Guidebooks of Modern China:
Suzhou Section

蘇州篇

最新蘇州遊覽指南（1930）

蘇州遊覽指南

鄭逸梅著

上海大東書局印行

靈巖塔

西施洞

點頭石

劍池

木瀆敵樓

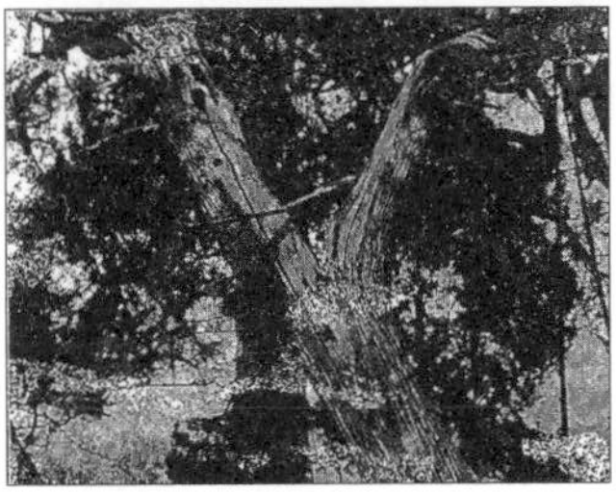

司徒廟古柏

西園

寶帶橋

玄妙觀

無量殿

孔廟

鄧尉山麓

蘇州城廂圖

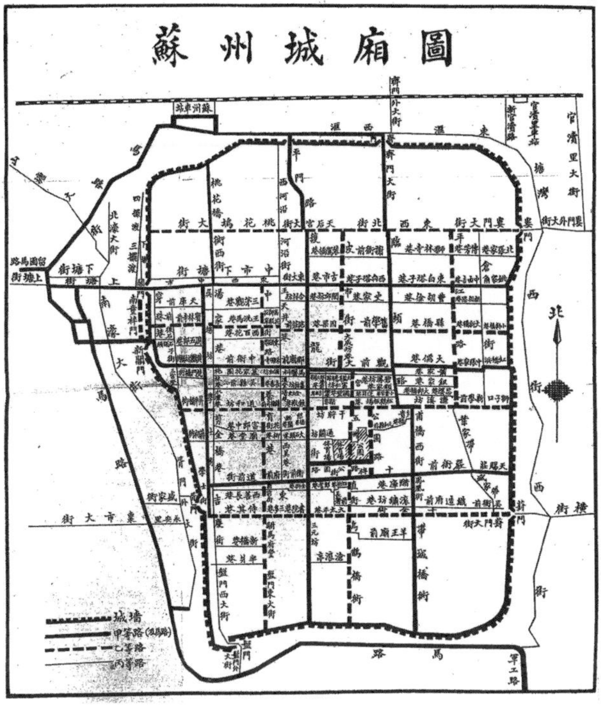

凡例

一、蘇州為文物之邦，多名勝古蹟，本書廣訪博采，應有盡有，且畫分區域，以便順序游覽。

一、本書分為七章，凡關於沿革、交通、物產、教育、行政、工商、娛樂等，無不詳備，以便來游者之查檢參攷。

一、本書篇末為清游小誌，舉凡勝蹟風俗，悉可於此中得之，以補第二章城內名勝、第三章城外名勝之不足。

一、社會情形，朝更夕變，間有不符者，容再版時再行訂正。

目錄

第六　各業機關

一　行政機關

二　公署

三　公衆機關

四　教育機關

五　藝術團體

六　商業

七　公司

八　工廠

第七　清遊小誌

蘇州概說

第一、蘇州概說

一、沿革

吳本荊蠻，未通上國，自泰伯奔吳，以周禮化民，俗乃丕變。吳王闔閭，始築都城，故有闔閭城之號。秦漢置會稽郡，後漢置吳郡，隋開皇置蘇州，蘇州之名自此始。元改平江路，明為蘇州府，清因之，為江蘇省治。分吳縣、長洲、元和三縣。光緒間，馬關條約，闢城南青陽地為租界，東為各國租界，中為日本租界，西為商務公司地界，乃吾國自闢之商埠也。民國建立，省會移寧，併長洲、元和二縣，暨太湖、靖湖二廳，統稱吳縣，實則西南臨太湖界浙江者，為吳縣舊境。今吳縣境地，東西廣二百有六里、南北長二百四十四里。

二、城門

「今」

閶門（在城西）、胥門（在城西南）、盤門（在城南）、葑門（在城東南）、婁門（在城東北）、齊門（在城北）。本為以上六門，後因利便交通，又特闢二門，為八門。一曰平門、一曰新閶門。新閶門初名金門，闢後，適甲子江浙戰禍，蘇人迷信，因謂金、兵也，遂歸咎於命名之不祥，且將城門方向稍變，為新閶門。周三十六里。平門（在閶門齊門之間）、新閶門（在閶門胥門之間）。

「昔」

闔閭城，周敬王六年伍子胥築，大城週四十二里三十步，小城八里二百六十步。陸門八，以象天之八風；水門八，以象地之八卦。吳都賦云，通門二八，水道陸衢是也。

西閶、胥二門，南盤、蛇二門，東婁、匠二門，北齊、平二門，不開東門，為絕越故也。

閶門亦號破楚門，吳伐楚，大軍從此門出。陸機詩曰：閶門勢嵯峨，飛閣跨通波。又孔子登山，望東吳閶門歎曰：吳門有白氣如練。今置曳練坊、望館坊因此。

胥門，本伍子胥宅，因名。石碑見存。出太湖等道，水陸二路，今陸廢。門南三里，有儲城，越王貯糧處。十五里有魚城，吳王養魚處，門西南五里有越來溪。

盤門，古作蟠門，嘗刻木作蟠龍，鎮此厭越。又云：水陸相半，沿洄屈曲。故名盤門。又云：吳大帝蟠龍故名。門內有武烈大帝廟，東南二里，有後漢破虜將軍孫堅墳，又有討逆將軍孫策墳。

蛇門，南面有陸無水，春中君造以禦越軍。象地形，因號蛇門。

匠門，又名干將門，東南水陸二路，今陸路廢。出海道，通大萊，沿松江，下滬瀆。闔閭使干將於此鑄劍。門南三里，有葑門、赤門。赤欄將軍墳其東，故名赤門。赤門東南角，又有魴鱮門，吳曾魴鱮見，因號，竝非八門之數也。

婁門本號疁門，秦時有古疁縣，至漢王莽改為婁縣。東南二里，有漢吳郡太守朱梁墳，今吳郡朱氏，皆梁之後。

齊門，北通毗陵。昔齊景公女聘吳太子，齊女喪夫，每思家國，因號齊門。

平門北面，有水陸通毗陵，子胥平齊，大軍從此門出，故號平門。東北三里，有殷賢臣申公巫咸墳，亦號巫門。西北三里有醬醋城，漢劉濞築。

三、街道

城內東西幹路：

（一）桃花塢北街婁門大街。

（二）閶門內西中市東中市都亭橋接駕橋古市巷東西白塔子巷。

（三）道前街府前街衞前街十梓街嚴衙前天賜莊。

（四）侍其巷三多巷書院巷大太平巷十全街葑門大街。

城內南北幹路：

（一）皋橋起吳趨坊學士街。

（二）崇眞宮橋起中街路養育巷司前街駙馬府堂前。

（三）河沿街道堂巷王天井巷西美巷。

（四）北寺塔起護龍街三元坊。

（五）齊門大街臨頓路。

（六）倉街。

（七）平江路。

城內各幹路，現已動工拆屋，放寬道路，以通行汽車。

城外馬路幹路：

（一）火車站至閶門石路口。

（二）石路口至胥門由斯衖口。

（三）由斯衖口至盤門。

（四）盤門至覓渡橋。

城外街道幹路：

（一）閶門南濠街北濠街山塘街上塘街下塘街。

（二）胥門棗市。

（三）齊門外大街。

（四）婁門外大街。

城內名勝

第二、城內名勝

一、閶門內

遂園

前門在慕家花園，後門在申衙前，自閶門進城，人力車約一角，時間約廿分。內設游藝場，園資暫收兩角，茶資每壺一角。

遂園，在閶門內，本清巡撫慕天顏所築，俗稱慕家花園，既而歸汴人席椿所有。其後畢尚書沅割其半，餘屬滇人劉氏，名曰遂園。臨池有映紅軒、綠天深處、容閒堂、琴舫、逍遙、容與諸室。池頗廣，植荷多名種。春夏間，往往附設說書戲劇等雜藝，游客絡繹也。

環秀山莊

在申衙前，即遂園斜對面，俗稱汪義莊。不售門券，給閽者以名刺，便可納入。

環秀山莊，在黃鸝坊橋之東，即汪氏耕蔭義莊也。本為清相國孫補山舊宅，道光中，始歸汪氏。疊石曲折，不亞獅林，有問泉、補秋舫等築，又有飛雪泉，雨時急溜直瀉，有似瀑布，尤為奇景。庭植棽尾一，春時花發，殊爛熳云。

七襄公所

在寶林寺東文衙里，自閶門進城，人力車約二百文，不納游資。由閽者引入，略給酒錢。

七襄公所，為文徵明舊宅，池多芙蕖，來自瀟湘七澤間，珍貴殊常。他如愛蓮窩、紅鵝館、乳魚亭、博雅堂、荷花廳、聽雨雙聲室，皆可駐閒蹤也。

神仙廟

在桃花塢，自閶門進城，人力車約一角。每年惟四月十四日最熱鬧，平日無甚可觀。

神仙廟，卽福濟觀，宋淳熙間建，初名巖天道院，元至大間重建，賜額福濟。屢遭災燬，同治十年復建。每歲陰曆四月十四日呂祖誕，香火頗盛，稱之為軋神仙。沿途多賣小龜者，曰金錢龜。

北寺塔

在護龍街北，香花橋堍，自閶門進城，人力車約一角半，時間約半小時。近闢平門，從平門來更便，每人納一角售籤，憑籤登塔。開放時刻，上午八時起，下午五時止。黑暗處由寺僧點燭。

北寺塔，在報恩寺內，寺為吳赤烏中孫權母吳夫人捨宅建，或云孫權乳母陳氏捨第為寺。其地故有塔十一成，再建再燬。宋紹興末，行者大圓重建，始去其二級為九成。明隆慶中不戒於火，僧如金重建，塔後門額，署曰三吳首剎。大殿之左為觀音殿、右聖母殿，後庭兩旁，曰五觀堂、迎賓堂，中曰古銅佛殿，再後曰梵香堂，額曰發海潮音。登塔眺望，近則全城市街，遠則西南山巒，悉在眼簾矣。

二、盤門內

滄浪亭

在城內三元坊，從閶門去，人力車約三角，時間約三刻鐘。胥門去，人力車約一角半。任客游覽，無須門票。

滄浪亭，在盤門內，為廣陵王元璙別圃，或云其近戚吳軍節度使孫承祐所作。宋蘇舜欽得之，傍水作亭曰滄浪。紹興時，為韓蘄王所有。由元至明，廢為僧舍。明嘉靖間，因其址建韓蘄王祠，釋文瑛於大雲庵旁復為滄浪亭。清康熙間又建蘇公祠，商邱宋犖尋訪遺跡，復構亭於山巔，得文徵明隸書滄浪亭三字額。咸豐間燬，同治十二年，巡撫張樹聲重建。近由吳子深修葺，煥然一新矣。右為美術專門學校，前有石坊，額曰滄浪勝蹟。一池頗廣，植荷殆徧，跨以石橋。門面北，額曰五百名賢祠，祠之東偏為面水軒，又東為靜吟亭，屏門上勒方錡書宋蘇舜欽滄浪亭記。積石當其前，東西亙數丈，巔有亭，即滄浪亭也，額為俞曲園書。由亭南下，為明道堂，堂之東北，為瑤華境界，見心書屋，與靜吟亭通。堂之西南，有小樓一座，曰看山樓，中祀二程夫子，下為印心石屋，西為翠玲瓏館，又西為宋蘇長史祠，北卽五百名賢祠，壁間刻五百名賢像。餘若清香館、聞妙香室，在西偏，皆臨水而築。其中石刻，有康熙賜吳存禮詩及楹聯、乾隆十二年御書江南潮災歎、御題文徵明小像、宋蘇舜欽留別王原叔詩、道光中陶澍滄浪亭五老圖詠、朱琦七友圖記、楊鑄論詩圖題詠、歐陽修歸有光記、及康熙重修各記。有滄浪新志一書，詳述滄浪之勝，書乃蔣吟秋繼宋牧仲而葺，都若干萬言，任客購閱。

可園

在滄浪亭對門，不售門券。

可園，以梅著名。有博約堂、浩歌亭諸築。中央大學區立蘇州圖書館附設其中，藏書二十三萬餘卷。陶小沚主其事，設備殊完美也。

三、婁門內

獅子林

在城之東北隅神道街，後門在潘儒巷，自閶門去，人力車三角，時間約一小時。惟須有熟人名刺，始得納入。

獅子林，為天如禪師倡道之地，中多奇石，狀若狻猊，石洞螺旋。人游其中，迷於往復，倪雲林曾繪為圖。清時黃氏購之為涉園，今為貝氏有，重加修葺，煥然一新矣。中有修竹谷、玉鑑池、指柏軒、問梅室、臥雲室、獅子峯、含暉峯、吐月峯、冰壺井、小飛虹、大石屋、立雪堂等，皆稱勝景。山上有大松五，故又名五松園。

拙政園

在婁門大街，從閶門去，人力車約三角，離獅子林不遠。園資半角，茶資酌給，夏日盛行早茶。

拙政園，在婁門內，明嘉靖時王御史獻臣，因元代大宏寺基，治為別墅，文徵明曾為圖記。後歸里中徐氏，清初海寧陳相國之遴得之。中有連理寶珠山茶，花時繿紅可喜，吳梅村有長歌以詠之，後沒入官，旋為吳三桂壻王永寧所獲。清咸豐間，為太平天國忠王府。同治八年，始改為八旗奉直會館。入門有巨藤，乃文衡山手植，內有遠香堂、南軒、香洲諸勝，香洲懸有吳梅村山茶歌。遠香堂北，池中築屋一，署曰雪香雲蔚。最高處，有勸耕亭、荷風四面亭。園西北沿邊皆廊，循廊可至擁翠亭、藕香榭、瀟湘一角，後面臨水多竹。東部曰梧竹幽居、曰繡綺亭、曰半窗梅影。枇杷園在園之東南，湖石巧疊，有屋曰玲瓏館。其西，即遠香堂矣。

惠蔭園

在臨頓路南石子街，距觀前不遠，從閶門去，人力車約二角餘，時間一小時。園資半角，茶資酌給。

惠蔭園，在南石子街，中有桂苑、叢桂山莊，因繞屋俱桂樹也。巖洞中瀦水，架以石橋，稱小林屋。洞上有虹隱樓，登之，全境悉在目前。

四、城中

玄妙觀

在城之中心，為最繁盛之區，從閶門去，人力車約一角半，時間約三刻鐘。

玄妙觀，創建於晉咸寧，名眞慶道院，唐曰開元宮，宋曰天慶觀，元至元間始改今稱。明洪武間修和希夷兩觀，皆併入，且建彌羅寶閣。清初修葺，民國元年，彌羅寶閣燬。今所存者為三清殿、天王殿、東嶽殿、壽星殿、蓑衣眞人殿、祖師殿等。甬道兩旁，百戲雜陳，又多小販之攤，與首都之夫子廟、上海之城隍廟相似。觀之西，曰觀西大街；觀之東，曰觀東大街。以醬鴨著名之陸稿薦、以瓜子著名之稻香村、以脆松糖著名之采芝齋皆在焉。脆松糖，乃大詩人蘇玄瑛所稱許，尤為名貴。

怡園

在護龍街尚書里內，為顧氏私產，然門禁不嚴，給閽者以名刺，便可納入。茶資酌給。從閶門去，人力車約一角半，時間三刻鐘。

怡園，為方伯顧紫珊所建，入園有一軒，署瓊島飛來四字，蓋庭前植有牡丹也。軒東有船室，署曰舫齋賴有小溪山。其前松林中，有閣曰松籟，南有碧梧棲鳳精舍，東則梅花廳在焉，廳西為遯窟，窟中有室，額曰舊時月色。東為歲寒草廬，石筍卓立，披薜綴苔，絕有致。北有拜石軒、及坡仙琴館，因藏東坡琴故名。旁有石，狀如老人聽琴然，遂築室曰石聽琴室。西北多芍藥、修竹、木樨之屬。一亭署曰雲外築婆娑，亭前為荷池，循池而西，曲折登山，窈然一洞，有石似觀音，曰慈雲洞，洞外植桃，曰絳霞洞，皆擅勝。園內壁間石刻，多米書，楹聯集前人詞句，天衣無縫，蓋出主人手筆也。

公園

在王廢基，從閶門去，人力車約二角。園資不納，東齋西亭茶資一百八十文。

公園乃近年新闢者，有圖書館，每日上午九時起，下午四時止，公開閱覽。西偏有公園電影院，每日開映二次，且因宋代東齋舊址。唐白居易西亭詩。遂築東齋西亭，為游憩飲茗之所，每當暑天，游客尤多，眞絕妙之消夏灣也。其西更有公共體育場，為青年學子運動之所。南為民醒社，專演新劇。社鄰須圃，可以買醉。

城外名勝

第三、城外名勝

一、閶門外

留園

在閶門外五福路，俗稱留園馬路，距火車站約四五里，馬車資四角，人力車資一角半；距閶門馬路里許，馬車資三角，人力車資一角。園資二角，茶每壺一角。

留園，在閶門外，為明徐冏卿太僕東園故址，昔稱花步里。清嘉慶初，劉蓉峰觀察建寒碧山莊，俗稱劉園。光緒二年，歸毗陵盛旭人所有，易名留園，謂可以留游蹤也。入門左向，為涵碧山房，署曰胸次廣博天所開。左舍曰恰杭，蓋杭與航通，取少陵野航恰受兩三人句義也。庭西有石卓立，形似濟顛，曰濟顛石。前臨巨池，植以芙蕖，幷蓄錦鱗鴛鴦於其中。池之西北，積石成邱，多桂樹，聞木樨香軒，立於叢桂間，邱巔有可亭，其陰有半野草堂。東有軒，署曰清風起兮池館涼，南有綠蔭軒，池之中有亭，署曰濠濮想。東為楠木廳，額曰藏修息游。庭前疊石，極崆峴有致，廳旁有亭，署曰佳晴喜雨快雪。中有靈碧石臺，叩之有聲。北有屋，署曰花好月圓人壽。左有揖峯軒、石林小院。對面之屋，署曰洞天一碧，揖峰軒可通東園。巍然立三湖石，中曰冠雲峯，最高，左曰岫雲峯，右曰瑞雲峰，次之。下為冠雲沼，四面廳在其南，額曰奇石壽太古。廳前有冠雲臺，署曰安知我不知魚之樂。左有冠雲亭，皆以冠雲峰而擅勝者也。北有樓，署曰仙苑停雲，壁間嵌雲石，俱含畫意。偏東一屋，為園主人參禪處。曲折至又一村，旁有屋，署曰少風波處便為家。西行至小蓬萊，此處有花房，有蔬圃。過小蓬萊，即為園之西部別有天也。臨溪有閣，署曰活潑潑地。面南處，署月梅花月上楊柳風來。西部之佳勝，在有溪有邱，邱上有亭二，曰至樂、曰月榭星臺，又署其額曰，其西南諸峯林壑尤美。因一登斯邱，獅嶺、靈巖、支硎、天平諸山，無不在望。茲政府以留園為盛氏逆產查封，禁止游人入覽，俟解決後，再行開放。

西園

在留園西，相距不遠，故游留園者可順道一游。自閶門去，馬車資五角，人力車資二角；若自留園往西園，馬車二角，人力車銅元十餘枚。園資一角，茶每壺一角。

西園，在留園西，戒幢律寺之放生池在焉，門首署曰西園一角。池為園之最勝處，通以曲橋，池心有亭，額曰月照潭心。池內蓄巨黿，游人輒以餅餌投之，浮波爭食，頗有可觀。西有軒，絕暢爽。池東為四面廳，寬敞容人憩坐。他如藝圃奇石，亦饒雅致。戒幢律寺，在園之右鄰，為明徐太僕故址，子工部溶捨為復古歸原寺。崇禎八年，改為戒幢律院。清咸豐間，燬於火，茲由僧廣慧重建，名曰西園戒幢律寺，因貼鄰西園也。寺中有羅漢像，鏤木髹金，大逾常人，或羸瘠、或豐碩、或低眉、或睚眥、或蹙頞、或軒渠，有槃膝者、箕踞者、托缽者、拈珠者，厥數凡五百尊，尊各一態，絕不相同，可貴也。寺中除羅漢堂外，尚有方丈室、藏經樓、齋堂、大雄寶殿備極莊嚴允推吳中第一大叢林。

寒山寺

在楓橋，距城七里餘，從閶門起，馬車資六角，人力車資三角。茶資酌給。游留園西園者，可順道往游，相去祗四五里。

寒山寺，在楓橋，梁建，名妙利普明禪院。唐後始稱寒山寺，以高僧寒山拾得結茅於此也。宋紹興中重建，明清屢修屢圮。咸豐間被燬，內有唐寅、文徵明詩碑，及俞曲園補書張繼詩石刻。光緒丙午，陳夔龍撫吳，謀興復，鑄鐘建屋，以存古蹟。宣統庚戌，蘇撫程德全續修，落成於辛亥六月，並刻唐韋應物、張祜以下諸人詩。日本人喜讀張繼月落烏啼絕句，因慕寒山寺名，來吳必一游以為快云。寺有搨本拾得像、張繼詩等墨蹟出賣，每份約小銀元三、四枚。

虎丘

距城七里，從閶門渡僧橋北山塘街去，人力車來回約六角，馬車不通，小快船全日約四元，膳另給。

虎丘避唐太祖諱，改為武丘，又名海湧山，高一百三十尺，在吳縣西北。闔閭葬此山中，以十萬人治塚，取土臨湖，葬經三日，白虎踞其上，故名。吳越春秋云，秦始皇東巡至虎丘，求吳王寶劍，其虎當墳而踞，始皇以劍擊之，不及，悮中於石，其虎西走二十五里忽失，劍無復獲，乃陷成池，故號劍池。池傍巨石，可坐千人，號千人石。其山本晉司徒王珣與弟司空王珉別墅，咸和二年，舍山宅為東西二寺，立祠於山寺。劍池兩崖劃劈，中涵石泉，深不可測，李秀卿品為天下第五。唐顏魯公書虎丘劍池四大字，石刻尚在。陸羽石井在其右，石井古名鐵花巖，口方丈餘，四旁石壁，泉甘洌，石壁上刻第三泉三字，為陸羽所品定，清乾隆所題書。千人石畔，為生公講臺，李陽冰篆有四字，臺下有白蓮池，池旁有點頭石，相傳生公說法時，池茁生千葉蓮花，頑石點頭，若悟理然。右有二仙亭，中立二碑，刻陳摶、呂純陽二人像。石井之前，為石觀音殿，兩傍百刻大字經典，計四十餘行，為宋人所書，人書一行，並有顏眞卿、申元宰二人碑記，惟遭兵燹，字多殘缺，非全璧矣。陟殿必經石級五十有三，名曰五十三參。入門而左，為清聖祖、高宗駐蹕處東南隅築屋石壁之上，曰望蘇臺，今曰小吳軒，仍其舊也。更有平遠堂、仰蘇樓、梅花樓、月駕軒、雪浪軒、玉蘭房、海晏亭等處，均為名勝。後有塔七層，隋仁壽九年建，建塔時，掘得古匣，藏舍利一粒，落成時，置諸塔中。洪楊劫後，半已圮毀，迄未修復。徑旁有眞娘墓，眞娘為吳之佳麗，埋香處峙立一亭，來游者無不留戀憑弔。試劍石，吳王取干將莫耶劍，試斫巨石，石中分為二。憨憨泉，一泓清水，能醫目疾，相傳為梁時憨憨尊者遺跡，茲築亭以護之，又古鴛鴦壙，為明倪士義與其妻楊烈婦合葬之所。史金奎墓，乃前歲城中遭祝融災，史氏奮身撲火以致喪生，士大夫為之表揚者也。石觀音殿之南，為近年新建之樓，凡五楹，曰冷香閣，閣下植赭綠梅三百株，藉以點綴。又南有擁翠山莊，為清洪文卿、朱修庭、鄭叔問所建立。有抱甕軒、問泉亭、不波小艇、靈瀾精舍，舍額為俞曲園書，殊超逸可喜也。門口四石碑，刻龍虎豹熊四大字，亦雄渾，搨本碑文，可任客選購，又有麥柴扇，輕便異常，鄉人往往多挾以求售。右鄰為靖園，水木明瑟，亦為佳勝，游憩啜茗，約給資二角。

五人之墓

在山塘街虎丘附近，游虎丘時，順道往觀，由花樹店內出入。

墓在虎丘山塘，墓中為顏佩韋、楊念如、馬杰、沈揚、周文元五人。事在明天啓七年，周忠介公順昌觸怒魏閹，被逮時，士民數萬，為周公請命，緹騎厲聲以叱，衆逐之。巡撫毛一鷺為魏私人，以吳民亂請於朝，誅此五人。

龍壽山房

在半塘橋，離五人之墓不遠，游虎丘者，可順道一游。酌給茶資，卽由寺僧出經相示。

龍壽山房，在閶門外半塘橋堍，藏有元僧繼善血書華嚴經八十餘卷，明宋濂有贊。

天平山

在城西二十里，舟行四小時，價四、五元，膳另議。抵麓雇山轎，來回一元，惟有索酒錢之陋習，雇時必須預先講明，不致半途要挾。秋時看紅葉，游人尤多。

天平山，在縣西二十里，山多奇石，釣魚、蟾蜍、鸚鵡、靈龜、龍頭等，皆奇特可喜，尤以卓筆峰為最著，峰高數丈，截然立雙石上。飛來峰前臨崖谷，高二丈許。龍門，俗稱一線天，兩崖夾峙，狹磴可通。上有石屋二，大者容十人，小者可容六、七人，覆有廣石，儼然屋舍也。又小巖有蓋，斜蔽其頂，俗名頭陀崖。他如臥龍峰、巾子峰、五丈石，皆山中奇勝，山巓平正，曰望湖臺，巨石面湖而圓者為照湖鏡。山半有白雲泉，水味清冽，為吳中第一水，白居易題以絕句，范文正繼以篇什，名遂大著。石壁中別有一泉，注出如線，曰一線泉，宋僧壽老始發之。南麓白雲寺，卽范文正公功德院。清乾隆間，高宗六次臨幸，賜名高義園，前有御書樓，文正手書伯夷頌，舊藏於此。園左為咒鉢庵，有來燕榭、二松軒，山之隅，范公祖墓在焉。園西有忠烈廟，文正公及四子，各有遺像，更有三太師祠，其後羣石林立，名萬笏朝天。明萬歷末參議范允臨構為別業，游人益多，康熙間檢討范必英即其地建參議祠。乾隆初，范瑤等更修葺之，而寤言室、繙經臺、魚樂國、聽鶯閣、宛轉橋。悉復舊觀。山多楓樹，秋時染霜，葉赭如醉，有萬丈紅霞之號。東出童子門，為牛頭塢，東南為金山、西為秦臺山、北為支硎山、高景山，有松花糖菌出賣。

支硎山

在天平山北，有御道可通，由童子門口循道而行，可陟山之勝境。

支硎山，在城西廿五里，俗稱觀音山，晉高僧支遁道林嘗憩隱其上，山石如硎，故有支硎之名。梁武帝置報恩寺，一名報恩山，上有石室寒泉，支遁詩石室可蔽身，寒泉濯温手，宋虞廷文因書寒泉二字於泉上。相傳遁遺故物，有鐵柱杖、鐵燈籠之屬，又有放鶴亭、馬蹟石、及白馬磵，皆以遁得名。昔有南峰寺，及中峰、北峰二院。中峰在寒泉畔，北峰宣德間移於他山。待月嶺下，有新泉、馬坡、南池、碧琳泉。更有化成、盤院、空谷、法螺諸庵，悉為名勝。清高宗六次南巡，皆臨幸其地。山東麓本有吾與來鶴二庵，今已廢矣。

二、胥門外

上方山

在城西南十四里，船行約三小時，價四元，膳另議。有糖切糕，頗著名。

上方山，一名楞伽山，東南麓有普陀巖、石池、石梁諸勝，為清高宗南巡臨幸地。山上有楞伽寺，浮屠七級，供五通神像，香火極盛。清湯斌曾毀像，斥為淫祀，後愚氓復塑，虔奉如初。去歲，王引才宰吳，沈像於石湖中，并立碑永禁，妖氛始絕。附近有丁家山，為唐丁公著父喪，負土作冢，故名。

石湖

在上方山下，游山者往往便游石湖。

石湖，周二十里，為太湖支流，相傳范蠡由此入五湖。東有越來溪，越侵吳自此來，故名，昔有越城。宋范成大因其故址為亭榭，植梅甚夥，別築農圃堂，下臨石湖，孝宗書石湖二大字賜之。中有北山堂、天鏡閣、玉雪坡、錦繡坡、千巖觀、夢魚軒、說虎軒、盟鷗室、綺川亭諸勝，今已圮廢矣。陰曆八月十七日之晚，士女往往買舫來此，觀玩串月，亦韻事也。

靈巖山

在城西卅里木瀆鎮，舟行四、五小時。價約四、五元，膳另議；並有輪船開往，上、下午兩次，價二角，碼頭在胥門棗市。

靈巖山，在城西卅里，山連嶐村，產石可為硯，故一名硯石山，高三百六十丈。山西北絕高處為琴臺，王鏊題二大字在焉，相傳西子曾鼓琴於此。范成大謂下瞰太湖及洞庭兩山，滴翠叢碧，如在白銀世界中，蓋登眺之勝地也。東有池，曰硯池、曰玩花池、曰玩月池，池水汀瀅，雖旱不涸，產蓴甚美，夏食之則去熱。有井二，圓者曰吳王井，八角者曰智積禪師井。平坦處為崇寶寺，即古館娃宮址。涵空閣在其後，寺有靈巖塔，凡九層，宋孫承祐所建。塔前石壁矗峙，為靈芝石，靈巖因是得名。塔南西上，有小斜廊，為響屧廊，按圖經云，吳王以楩梓藉地而虛其下，西子輦行則有聲。東為百步街，有石馬，望之如有人策御然，石鼉、石幢，幢之藏經處，俗曰梳妝臺，更有石射堋，亦名石鼓，大者三十圍。吳志云，其鼓有兵則鳴。晉隆安二年，賊孫恩作亂，鼓鳴山上。其西南石壁特起，曰佛日巖，下有披雲臺、望月臺，披雲有東坡題字。街南石室為西施洞，舊稱吳王囚范蠡處，洞側有牛眠石，前為出洞龍、貓兒石，東西為二划船塢，乃吳王渚水以戲龍船之所。下為妙湛泉，明萬歷初太倉士人曹允浚得之，山前十里有采香涇，斜橫如臥箭。山之東岡有醉僧石，東麓盡處，又有槎頭石，皆巖石之有名者。自明嘉靖後，屢經搆采，遂多殘毀。江都王醇，有采石謠諷之。萬歷末，黃習遠請於當道，捐金贖山，勒石永禁。清康熙、乾隆二帝，南巡皆駐蹕其地，行宮在山巔。木瀆鎮上有棗泥餅，為著名產品，來游者無不爭購之。

穹窿山

在城西南三十六里，舟至善人橋，約五小時，至橋，雇山轎上山，價一元餘。

穹窿山，在城西南，古仙人赤松子采取赤石脂處也。山頂方廣可百畝，有煉丹臺、昇仙臺，皆赤松子遺跡，舊產自然銅，又曰銅嶺。半山有石膝痕，相傳茅君禮斗處，故亦名三茅峰，峰頭如笠，俗呼箬帽峰，穹窿之絕頂也。膝印中注水不涸，名雙膝泉，產石蟹如錢大。又有拄杖泉、法雨泉、百丈泉，皆大旱不竭。三茅峰累石為龕，名國師龕，或謂子房從赤松子游處。漢末始建道院，宋天禧間重建，清初鐵竹道人施亮生，即茅君故宮，廣葺殿堂，今之上眞觀是也。高宗南巡，臨幸賜額，佛寺則茅蓬最古。梁天監中建，積翠次之，為明建文帝稅駕處，拈花又次之。東嶺下有磐石，高廣丈許，為朱買臣讀書處，今號讀書臺。西有紫藤塢，東南有竹塢、皇駕塢、及白馬嶺，北有寧邦塢。據云，宋紹興中，韓世忠部將曾薙髮隱此。

鄧尉山

在光福鎮，距城五十里，舟行由胥江過木瀆善人橋，游靈巖穹窿兩山者，可順道往游，民船逕行，朝發夕至。翌晨登山，雇山轎每頂給資二元左右，鎮有尋梅旅社，山上有蜂蜜出售。

鄧尉山，在吳縣西五十里光福鎮，漢鄧尉隱此，故名。山巔有妙高峰，下有七寶泉，迤北踰寺崦嶺，曰鳳岡，光福鎮在焉。右費家河，有徐大司寇墓，迤西南與銅井、青芝、玄墓諸山相連，故統稱為鄧尉。自宋淳祐間，高士查莘居山塢，植梅，土人效之，至今山中皆以圃為業。梅花開時，一望如雪，行數十里，香風不絕，為吳中名勝。其西南六里為玄墓山，相連不斷，實一山也，相傳晉刺史郁泰玄葬此，故名。明初，萬峰和尚居之，又名萬峯山，袁袠游記云，吳之山，惟玄墓最僻亦最奇，面湖而險隩，丹霞翠閣，望之如屏。背鄧尉而來，法華障其前，銅井、青芝迤邐其右，游龍界其左，妙在絕頂，一登則洞庭諸山，悉陷伏於湖，而湖波遂混茫盪為一色。山有聖恩寺，卽萬峯道場，寺有喝石，相傳穿井有巨石下墜，萬峯喝止之，故名。西南有八德泉，水如沸珠，又名沸珠泉，今鄉人取以繅絲，色更光潔。寺後奇石，俗謂之眞假山。天順間，於土中露見稜鍔，扣之錚錚，遂加剔濯，巉巖洞越，巧若天成，後漸湮沒。清康熙十七年仲夏積雨，山泉衝激，復有石露於大悲壇東，寺僧因而搜之。得盧雍題，神獅出岫、海湧門、汲硯泉、涵輝洞、峭壁巖、螺髻峰、流雲洞、凌空橋八景。清聖祖、高宗皆巡幸，近康長素題壽洞二字於石上，寺中以還元閣為最勝，可遙望太湖全景，藏有郟桱鐘及其墨搨，與覺阿和尚一蒲團外萬梅花畫册。又有四宜堂，康熙巡幸時，賜以松風水月四字，殿右有洪武九年所鑄之巨鐘，鏤法華經六萬字，後為嚴嵩攫去，斯乃萬歷間重鑄者。

東洞庭山

在城西南八十餘里，有輪船開往，自蘇抵山，六小時。輪船在胥門外棗市泰讓橋，過橫涇、浦莊、木林等處，下午三時到。

東洞庭山，一名胥母，相傳伍子胥嘗迎母於此，故名，又稱莫釐，則莫釐將軍曾居之也。岡巒起伏，與西洞庭相似，惟較小耳。自東山市後上陟，四、五里至茅峯禪院，及棲雲亭，附近有老屋，即法海寺之故址也。莫釐峯，俗呼大夫頂，登之全湖在望，七十餘峰，歷歷可數。由棲雲亭東下，至雨花臺，旁有新建之樓，結構一如虎丘冷香閣，聞為葉姓產，亦為勝地。越山而北，三里至古雪禪院，為翠峯寺故址，院前為枕流閣，佔地尤深幽，出禪院過紫泉洞，南上里許有一亭，額曰印心石屋，乃飲日亭改建者。下亭而東，出翠峰亭之山門，訪王文恪故宅，則已蕩然無存，山多枇杷，白沙者為最佳。

西洞庭山

由東洞庭雇舟擺渡，湖西約十里，另有義渡船，渡資祇數銅元。

西洞庭山，在太湖中，離東洞庭山約十里，最高者，曰縹緲峯。邃者曰包山，一作苞山。自東洞庭之渡水橋登船，經諸港汊，左右皆大約三、四畝之魚池，沿池栽桑，村人賴以為業，池中多蘆葦及芙蕖。行十里許，遂入湖中。至石公山，登陸南行，經石門，石崖下陷為洞，曰歸雲洞，洞深二丈，供白衣大士象。出洞過印月廊，至石公禪院，東為翠屏軒，軒右一巨石曰礪巖，上有斷山亭、來鶴亭。一再轉折，出翠屏之頂，林木蒙密，疑無途徑，一洞穴藏雜樹間，廣可容人，深約二丈，其外向東下斜，為一線天，石壁之縫，長十丈許，附壁側身而漸降，上睇雲霄，如拖一線，故名。洞口北側，一石刊石公二字，其南為雲梯，西轉，石壁皺若魚鱗，下有夕光洞，高廣祇數尺而已。再登舟北行十餘里，至鎮夏市，陸行抵林屋洞，題有林屋洞天，天下第九洞天等字，更有靈威丈人得大禹素書處篆文，則俞樾所書也。按越絕書，吳王命靈巖丈人入此洞七十日而返，其深邃不可限量。洞口之高僅容人，內積水不可入，水深可及膝，寒冷澈骨。洞門之內，大約十餘丈，皆在水中，無從可通。南隅一罅，前行窄狹，須匍匐而入，其內冥黯，莫知底蘊，多蝙蝠。舊傳洞中，有石室、銀房、金庭、玉柱、石鐘、石鼓，或稱洞中有白芝、隱泉、盆魚、乳泉、石燕、金沙龍等，不可究詰。洞外曰齊物觀，亂石累積，若犀、若象、若牛羊，起伏蹲臥絕肖。東北高起千尺，蒼然壁立者，曰曲巖洞。洞庭西山，遍植楊梅，桃李橘類亦夥，而碧螺峰之茶，名碧螺春，尤為雋品，清時入貢者也。

三、葑門外

寶帶橋

在葑門外東南六里，自閶門去，人力車約六角。

寶帶橋，跨澹臺湖與運河上，乃唐王仲舒御史捐所束寶帶而成者也，臥波凡一千二百二十五尺，環洞五十三，俗謂順計之則五十三，逆計之則五十二，故為神話，實則洞多易亂目耳。

荷花宕

在葑門外覓渡橋之東南，可順便游寶帶橋。凡雇舟往游，宜於先日預備一切，拂曉登舟，則尤得清趣，舟資約四元。

荷花宕，在葑門外獨墅湖旁，村氓種荷為業，夏時田田翠蓋，連衍數里，花以素色者為多。每當七、八月間，畫舫如雲，管絃沸耳，蓋妓家出廠船也。斯時村童往往擷花及蓮蓬，累負於背，泅水而就舫求售。自遠而來，祇見花葉浮動，不睹人影，亦奇景也。

交通

第四、交通

一、滬寧鐵路行車時刻表

○上行車		○下行車	
▲上海北站開		▲南京江邊開	
上午六點	（滬安客車）	上午八點三十五分	（快車）
上午七點〇五分	（快車）	接連平津浦通車	
上午七點二十五	滬常三四等車	下午四點二十分	（特別快車）
上午九點五分	（特別快車）	接連平津浦通車	
上午九點三十分	（三四等車）	▲南京開	
上午十一點二十五分	（滬蘇客車）	上午七點十分	寧杭特快車
下午十二點三十分	（快車）	上午八點五十五分	（快車）
下午三點	杭寧特快車	上午九點四十分	（三四等車）
下午四點二十五分	（滬常客車）	下午十二點五十分	（快車）
下午五點五十分	（滬錫客車）	下午四點四十分	（特別快車）
下午十一點	夜特別快車	下午五點二十五分	（寧錫客車）
▲南翔開		下午十一點	夜特別快車
上午六點三十五分	（滬安客車）	▲鎮江開	
上午七點三十四分	（快車）	上午八點五十三分	寧杭特快車
上午八點二分	滬常三四等車	上午十點五十七分	（快車）
上午十點九分	（三四等車）	下午十二點〇六分	（三四等車）
上午十一點五十九分	（滬蘇客車）	下午三點〇二分	（快車）
下午十二點五十九分	（快車）	下午六點二十二分	（特別快車）
下午五點七分	（滬常客車）	下午七點四十分	（寧錫客車）
下午六點二十六分	（滬錫客車）	上午〇點四十九分	夜特別快車
下午十一點三十二分	夜特別快車	▲丹陽開	
▲安亭開		上午九點三十三分	寧杭特快車
上午七點	（滬安客車）	上午十一點四十三分	（快車）
上午七點五十五分	（快車）	下午一點十一分	（三四等車）
上午八點三十一分	滬常三四等車	下午三點五十八分	（快車）
上午十點四十一分	（三四等車）	下午七點〇二分	（特別快車）
下午十二點三十二分	（滬蘇客車）	下午八點四十三分	（寧錫客車）
下午一點二十分	（快車）	上午一點三十四分	夜特別快車
下午五點三十五分	（滬常客車）	▲常州開	
下午六點五十八分	（滬錫客車）	上午六點五十五分	（常滬客車）
▲崑山開		上午十點四十分	寧杭特快車
上午八點二十五分	（快車）	下午一點〇六分	（快車）
上午九點七分	滬常三四等車	下午一點三十五分	常滬三四等車

○上行車		○下行車	
上午十點十七分	（特別快車）	下午二點四十六分	（三四等車）
上午十一點二十五分	（三四等車）	下午五點十七分	（快車）
下午一點二十四分	（滬蘇客車）	下午八點十四分	（特別快車）
下午一點五十九分	（快車）	下午十點十六分	（寧錫客車）
下午四點十五分	杭寧特快車	上午二點四十一分	夜特別快車
下午六點二十八分	（滬常客車）	▲無錫開	
下午七點五十二分	（滬錫客車）	上午六點三十分	（錫滬客車）
▲蘇州開		上午八點十一分	（常滬客軍）
上午九點二十三分	（快車）	上午十一點三十五分	寧杭特快車
上午十點二十三分	滬常三四等車	下午二點十七分	（快車）
上午十一點十一分	（特別快車）	下午二點五十九分	常滬三四等車
下午十二點四十五分	（三四等車）	下午四點二十一分	（三四等車）
下午二點十九分	（滬蘇客車）	下午六點二十四分	（快車）
下午三點十四分	（快車）	下午九點十五分	（特別快車）
下午五點〇九分	杭寧特快車	下午十一點二十二分	（寧錫客車）
下午七點三十八分	（滬常客車）	上午三點四十七分	夜特別快車
下午九點〇五分	（滬錫客車）	▲蘇州開	
上午一點二十四分	夜特別快車	上午七點四十七分	（錫滬客車）
▲無錫開		上午九點三十分	（常滬客車）
上午七點二十五分	（錫寧客車）	下午十二點三十八分	寧杭特快車
上午十點二十八分	（快車）	下午一點四十分	（蘇滬客車）
上午十一點四十分	滬常三四等車	下午三點二十一分	（快車）
下午十二點十三分	（特別快車）	下午四點二十五分	常滬三四等車
下午二點十五分	（三四等車）	下午五點五十二分	（三四等車）
下午四點十九分	（快車）	下午七點三十分	（快車）
下午六點十七分	杭寧特快車	下午十點十七分	（特別快車）
下午九點〇八分	（滬常客車）	上午四點五十六分	夜特別快車
下午十點十三分	（滬錫客車）	▲崑山開	
上午二點三十三分	夜特別快車	上午九點十一分	（滬錫客車）
▲常州開		上午十一點二十三分	（常滬客車）
上午八點四十八分	（錫寧客車）	下午一點二十二分	寧杭特快車
上午十一點三十七分	（快車）	下午二點五十七分	（蘇滬客車）
下午十二點四十五分	滬常三四等車	下午四點十二分	（快車）
下午一點十二分	（特別快車）	下午五點四十一分	常滬三四等車
下午三點三十九分	（三四等車）	下午七點十分	（三四等車）
下午五點二十五分	（快車）	下午八點二十三分	（快車）
下午七點十六分	杭寧特快車	下午十一點〇三分	（特別快車）
下午十點十四分	（滬常客車）	▲安亭開	
上午三點三十七分	夜特別快車	上午七點三十分	（安滬客車）
▲丹陽開		上午九點五十四分	（錫滬客車）
上午十點〇五分	（錫寧客車）	下午十二點〇一分	（常滬客車）

○上行車		○下行車	
下午十二點四十二分	（快車）	下午三點五十分	（蘇滬客車）
下午二點〇八分	（特別快車）	下午四點四十三分	（快車）
下午五點〇三分	（三四等車）	下午六點二十二分	常滬三四等車
下午六點三十三分	（快車）	下午七點五十四分	（三四等車）
下午八點十三分	杭寧特快車	▲南翔開	
上午四點三十八分	夜特別快車	上午八點〇一分	（安滬客車）
▲鎮江開		上午十點四十一分	（錫滬客車）
上午十一點十五分	（錫寧客車）	下午十二點二十九分	（常滬客車）
下午一點三十九分	（快車）	下午四點二十五分	（蘇滬客車）
下午二點五十五分	（特別快車）	下午五點〇四分	（快車）
下午六點十五分	（三四等車）	下午六點五十六分	常滬三四等車
下午七點三十四分	（快車）	下午八點二十四分	（三四等車）
下午九點	杭寧特快車	下午九點十二分	（快車）
上午五點二十八分	夜特別快車	上午六點三十三分	夜特別快車
▲南京到		▲上海北站到	
下午一點十五分	（錫寧客車）	上午八點二十八分	（安滬客車）
下午三點二十六分	（快車）	上午十一點〇八分	（錫滬客車）
下午四點十七分	（特別快車）	下午十二點五十八分	（常滬客車）
下午八點二十一分	（三四等慢車）	下午二點二十八分	寧杭特快車
下午九點十分	（快車）	下午五點〇七分	（蘇滬客車）
下午十點十七分	杭寧特快車	下午五點三十一分	（快車）
上午七點五分	夜特別快車	下午七點二十六分	常滬三四等車
接連平津浦通車		下午八點五十五分	（三四等車）
▲南京江邊到		下午九點三十八分	（快車）
下午四點十六分	（特別快車）	上午〇點十八分	（特別快車）
接連平津浦通車		上午七點	夜特別快車

二、滬寧鐵路公里及車價表

特別快車加價表

每一百公里或不滿一百公里

頭等…………六角

二等…………三角

三等…………一角五分

外加通行稅約每元加五分

公里數	車等	上海	崑山	蘇州	無錫	常州	丹陽	鎮江	
52	(1)	2.20							崑山
	(2)	1.10							
	(3)	.55							
87	(1)	3.60	1.40						蘇州
	(2)	1.80	.70						
	(3)	.90	.35						
129	(1)	4.80	3.00	1.80					無錫
	(2)	2.40	1.50	.90					
	(3)	1.20	.75	.45					
168	(1)	6.00	4.20	3.20	1.80				常州
	(2)	3.00	2.10	1.60	.90				
	(3)	1.50	1.05	.80	.45				
213	(1)	7.20	5.80	4.60	3.40	2.00			丹陽
	(2)	3.60	2.90	2.30	1.70	1.00			
	(3)	1.80	1.45	1.15	.85	.50			
243	(1)	8.00	6.60	5.80	4.20	3.20	1.20		鎮江
	(2)	4.00	3.30	2.90	2.10	1.60	.60		
	(3)	2.00	1.65	1.45	1.05	.80	.30		
312	(1)	10.40	8.60	7.60	6.60	5.40	4.00	3.00	南京
	(2)	5.20	4.30	3.80	3.30	2.70	2.00	1.50	
	(3)	2.60	2.15	1.90	1.65	1.35	1.00	.75	

附鐵路客車運輸通則摘要

團體減價

如遇團體旅行，可按其人數之多寡及單程或來回，照尋常車票價目減收九折至對折，惟至少須滿二十人（演劇團體至少須滿六人，學生團體至少須滿十人）。但此項團體減價不適用於特別快車及滬寧路之星期六、星期日各車。

發售客票

旅客須於未離開票房窗口時，自行查閱所購車票及找還錢洋，如有錯誤，立即更換，過後概不承認。

退還客票

所有已購未用之單程票或來回票，以及過期或未過期之回程票，概不退還票價。其有特別情事者，不在此限。持用上列本路或聯運車票之旅客，其係中途停止旅行者，欲退回未用地段之票價，應在停行之站親自告知站長簽字為憑。惟退款之請求書須即速送交車務總管，至遲不得過車票日期失效後之十日以內，否則無效。

旅客票價

凡孩童未滿四歲者免收票價，其已滿四歲至十二歲以下者減半核收，已滿十二歲及十二歲以上者照付全價。但免收票價之孩童不得佔用座位。

旅客行李

所有行李交鐵路運送時必須綑紮堅固，其掛號辦法分為：（一）尋常行李、（二）保險行李。凡交由鐵路管理之尋常掛號行李如有遺失，鐵路所負賠償責任最大之限額如左：

（甲）無論何等旅客衣箱或皮包或皮箱，每隻最多以一百元為限。

（乙）無論何等旅客鋪蓋，每捆最多以三十元為限。

（丙）網籃全件遺失，每件最多以十元為限，但籃中所裝物件如有遺失，鐵路不負責任。

凡行李內有貴重物品者，必須保險，其保險費依照旅客所聲明之價值，每一百元、每一百五十公里或不及此里數應收洋二角五分，所收之數至少以一元起碼。鐵路對於保險行李所負賠償責任普通最大限額，無論何等旅客衣箱或皮包或皮箱，每隻均以二百元為限。凡保險數目超過二百元者，須先得車務總管核准。

附旅客必須注意之要點

（一）　旅客須切實以穩妥二字為要義，切勿輕視甘蹈危機。

（二）　旅客交滬寧或滬杭甬鐵路各車站搬運行李等件，自站門口至車上或由車上搬下送至站門口，定價每次每件概付銅元四枚。

（三）　所有每件行李貼票對號等事，乃站員及脚夫應盡之責，概不准向客索費。倘有脚夫故意索詐，請即報告站務巡察員或站長。

（四） 旅客登車以前務須將行李逐件標明並加標籤以便識別。

（五） 旅客須慎防竊賊，切不可將貴重或細小物件置近車窗、車門。

（六） 團體旅行須先函知本路以便預備座位。

（七） 旅客遣人代購車票及代交行李，須交本路詳單一紙書明所需何等車票若干張數，如有小孩須書明年歲若干，及交運某種行李之件數，並須帶足銀錢以便照付票價及行李運費。

（八） 凡交運之行李，如內中裝有銀錢或貴重品如金銀顧繡、花邊皮裘等等，必須於報裝時當面詳細聲明，並付保險費，否則本路不能負責。

（九） 免費行李

每客准帶免費行李額：

頭等　八十公斤（一百三十四斤）；

二等　六十公斤（一百斤半）；

三等　四十公斤（六十七斤）；

孩童購買半票者免費行李額減半。

（十） 滬寧鐵路客車上備有專為尋常三等車女客及小孩乘坐之隔別車座。

（十一）滬寧特別夜快車挂有頭等臥車，滬杭甬特別夜快車在莫干山避暑期內每逢星期五亦挂有頭等臥車，自上海北站至拱宸橋需用臥車牀位者，須預先知照上海北站，問訊處電話，北三一九九號；在南京則須知照南京站站務巡察處定留。

（十二）倘蒙惠示各種改良辦法無任歡迎，至陳訴有關車務處一切情事，則請逕送上海北站車務總管。

（十三）函件必須由寫信人具名並註明詳細地址門牌號數為要，凡匿名信概不處理。

三、水程

（以閶門為起點）		（以婁門為起點）	
滸墅關	三〇里	太倉	一一〇里
吳江	四〇里	唯亭	三〇里
平望	八〇里	正義	四〇里
無錫	八五里	（以齊門為起點）	
北坼	六〇里	常熟	七五里
震澤	一一八里	吳塔	五〇里
湖州	一九〇里	蠡口	二五里
同里	四〇里	（以盤門為起點）	
杭州	三五〇里	嘉興	一四〇里
南潯	一三〇里		

四、輪船

局名	開往地點	經過地點	碼頭	開行時刻
戴生昌	上海		閶門萬人碼頭	下午四時
	嘉興	吳江　北坼　王江涇		上午七時
	杭州	吳江　北坼　平望 震澤　南潯　湖州 菱湖		下午三時
	陳墓	斜塘角直		上午十二時
招商	常熟	齊門　陸墓　蠡口 吳塔　張家殿	閶門太子碼頭	上午七時
	杭州	吳江　北坼　平望 震澤　南潯　湖州 菱湖	吳門橋堍	下午三時
	蕩口	吳塔　南橋　北憍 甘露	火車站西	下午一時
	蘆墟	吳江　同里　莘塔		上午十二時
老公茂	常熟	齊門　陸墓　蠡口 吳塔　張家殿	閶門太子碼頭	上午十時
	木瀆	横塘	胥門泰讓橋堍	上午十時 下午二時
	東山	横涇　浦莊　採蓮橋 前山　後山		上午九時
	無錫	滸墅關　望亭	萬人碼頭	上午九時
慶記	上海		吳門橋堍	下午四時
	湖州	吳江　北坼　平望 梅堰　震澤　南潯	萬人碼頭	上午八時
新記	盛澤	吳江　北坼　黎里 平望	萬人碼頭	下午一時
保興	横涇	溪上	泰讓橋堍	上午十一時 下午三時半
蘇同	周莊	吳江　同里	南濠中泗弄口	上午十一時
寧孚	蘆墟	吳江　同里　莘塔	南濠	上午十一時

五、航船

開往地點	碼頭	開行時刻	開往地點	碼頭	開行時刻
木瀆	萬年橋堍	上午八點 十二點	西倉	閶門下塘	下午五點
光福	萬年橋堍	上午九點	莫城	齊門內賭帶橋堍	下午五點
香山	萬年橋堍	上午八點	太倉	閶門內觀音閣	下午五點
黎里	萬年橋堍	上午十點	瀏河	閶門太子碼頭	下午五點
同里	萬年橋堍	上午九點	嘉定	閶門太子碼頭	上午八點
同里	閶門外姚家衖	上午九點	沙頭	胭脂河頭	上午五點
湘城	臨頓路跨塘橋	上午九點	橫涇太倉	胭脂河頭	上午五點
湘城	婁門外塘坊灣	下午三點	震澤	中水弄口	下午二點
唯亭	下�埠頭	下午二點	盛澤	水關橋	下午五點
蕭涇	下捺埠頭	下午二點	南潯	萬人碼頭	下午二點
顧巷	下捺埠頭	下午二點	張涇橋	半塘	下午五點
外跨塘	下捺埠頭	下午二點	湖州	橫馬路	上午十點
沺涇	旗杆場	上午八點	新市	中水衖口	上午十點
陸巷	北街奉直會館場	上午八點	屠鎮	中水衖口	上午十點
崑山	婁門外跨塘	上午八點	平湖	中水衖口	上午十點
正儀	婁門外跨塘	上午八點	汙涇塘	齊門外北馬路橋	下午一點
五瀼涇	婁門外官瀆橋	下午二點	洞港涇	齊門外北馬路橋	上午九點
沈店橋	婁門外官瀆橋	下午二點	木家店	齊門外北馬路橋	下午一點
太平橋	婁門外弔橋	下午三點	冶長涇	齊門外北馬路橋	下午一點
懸珠	婁門外擺渡口	下午三點	周家浜	齊門外北馬路橋	下午一點
常州	閶門弔橋堍	下午九點	黃埭	齊門外南馬路橋	上午九點
松江	閶門弔橋堍	上午五點	塘口	齊門外南馬路橋	上午九點
常熟	閶門弔橋堍	下午五點	西方橋	齊門下塘	上午九點
望亭	山塘新民橋堍	上午九點	吏厙	齊門下塘	上午九點
梅里	豬行埠頭	下午五點	毛竹橋	齊門下塘	上午九點
石牌	豬行埠頭	下午五點	蠡口	齊門外	下午二點
塘市	豬行埠頭	下午五點	甘露	齊門外	上午九點
硤石	豬行埠頭	上午十點			

六、長途電話章程

長途電話，分普通、加急二種。普通電話，照規定章程收費；加急電話，得隨時提前接通，費照普通三倍計算。

長途電話，由接通起，至話畢撤線時止，每五分鐘或不滿五分鐘，統作一次計算，費由傳話人繳付。凡裝有電話用戶，欲在其話機上通長途電話者，得預向該地電話局掛號，並繳通話費十元。通話可按次記賬，月底結算。凡未裝電話或未掛號者，可至電話局先交一次通話費，亦得通話。

蘇州至上海	四角	蘇州至無錫	三角
蘇州至南翔	四角半	蘇州至鎮江	八角
蘇州至吳淞	五角	蘇州至南京	九角半

長途電話各局每日通話時刻表

（上午通話時刻與下午同）

（蘇寧）	二點至二點半	五點至五點半
	八點至八點半	十一點至十一點半
（蘇滬）	十二點半至一點	一點半至三點
	三點半至四點	四點半至六點
	六點半至七點	七點半至九點
	九點半至十點	十點半至十二點
（蘇錫）	半點至一點	一點半至二點
	二點三刻至三點	三點半至四點
	四點半至五點	五點三刻至六點
	六點半至七點	七點半至八點
	八點三刻至九點	九點半至十點
	十點半至十一點	十一點三刻至十二點
（蘇鎮）	二點半至二點三刻	五點半至五點三刻
	八點半至八點三刻	十一點半至十一點三刻

七、郵局

總局	閶門外廣濟橋南
支局	（一）護龍街合村坊口 （二）養育巷廟堂巷口 （三）葑門外覓渡橋 （四）葑門內專橋 （五）婁門內北街跨塘橋堍 （六）閶門內西中市大街
全邑通郵處	木瀆　周莊　橫涇　唯亭　角直　光福　北橋　湘城 黃埭　渡村　浦莊　蠡口　陸墓　陸巷　西山　陳墓 蠡市　車坊　横塘　楓橋　外跨塘　滸墅關　西津橋 善人橋　通安橋　西華鎮　東洞庭山

八、信局

（均在閶門外弔橋堍）

專走上海長江等處	老正大　合盛合記　協源　鴻源　通裕 寶順
專走杭嘉湖等處	全盛義記　正和　福潤　協興　協大 永利　正大　順成

九、轉運公司

名稱	地點	電話	經過路線
中華捷運	錢萬里橋	一〇九九	滬寧　滬杭　津浦　京奉　隴海
運輸	錢萬里橋		滬寧　滬杭　津浦　京奉　隴海
悅來	錢萬里橋	六六九	滬寧　津浦　膠濟
瑞大	錢萬里橋	一四八二	滬寧　津浦　膠濟
同益	錢萬里橋	六七七	滬寧　滬杭甬
鼎通	錢萬里橋	八五九	滬寧　滬杭甬
華盛義	錢萬里橋	四七二	滬寧　滬杭甬
永泰隆	錢萬里橋		滬寧　滬杭甬
瑞泰恆	錢萬里橋	八六四	滬寧　津浦
茂新恆	錢萬里橋	六六三	滬寧　滬杭　津浦　滬杭甬
通商	太子碼頭	一六〇八	滬寧　津浦
匯通	火車站		滬寧　滬杭　津浦　京奉　隴海　膠濟
大通	火車站		滬寧（專運銀洋）
中興	寶林寺前	一三二八	（郵包轉運）
聚盛	古市寺	九一七	蘇滬（綢緞零物）
交通	祥符寺巷		蘇滬（綢緞零物）

食宿遊覽

第五、食宿遊覽

一、旅館

名稱	地點	電話
蘇州飯店	廣濟橋堍	六二九
花園飯店	新民橋堍	
鐵路飯店	阿黛橋北丁家巷	八二〇
鐵路飯店花園	阿黛橋北丁家巷	八八六
大陸飯店	城內觀西大街	一五三二
城中飯店	城內太監弄口	一六五 樓上一六六 菜部一四六七
中央飯店	城內察院場	一五三六 賬房一五三五 菜部一五三七
蘇城飯店	城內司前街	一二三九
大東旅社	廣濟橋南	一四六一 前樓一四六二後樓 一四六三
東吳旅社	廣濟橋南	一二六四 賬房一三一二
三新旅社	廣濟橋南	九九二 賬房九三七
惠中旅社	阿黛橋堍	三五五
老蘇臺旅社	阿黛橋堍	三五六
新蘇臺旅社	阿黛橋堍	八一三 二樓八一四 三樓八一五
第一旅社	阿黛橋堍	九六四 二樓一七〇七
中華旅社	阿黛橋堍	三四二
利昌旅社	阿黛橋堍	九一六
大中旅社	城內西善長巷	一三四二
共和旅社	城內宮巷	四七
大通旅社	城內宮巷	一五一九
園東旅館	申衙前	七四八
惟盈旅館	錢萬里橋堍	
新聞旅館	橫馬路	二二三
吳臺旅館	橫馬路	六六一

名稱	地點	電話
吳郡旅館	大馬路	八六九
名利旅館	大馬路	三六三
大新旅館	丁家巷	一三三四
新新旅館	阿黛橋浜	一〇八一
瀛洲旅館	外馬路	八八〇
大行臺旅館	姚家衖	八八九
餘豐旅館	胥門外	五五九
榮華旅館	城內西中市下塘	一三〇四
同義公	城內西中市	九〇二
老椿記	城內東中市	一〇六九
繁迺家（日本料理）	盤門二馬路	一〇二九
靈巖大旅舍	木瀆	
尋梅旅社	光福	

二、飲食店

名稱	地點	電話
	菜館	
名稱	地點	電話
宴月樓	閶門外馬路	六四三
久華樓	閶門外馬路	三七七
	以上京館	
義昌福	閶門外馬路	四三六
大慶樓	閶門外馬路	四六四
新太和	閶門外馬路	四六一
新雅仙	閶門外馬路	一六四一
天來福	護龍街	一二九
大雅園	養育巷	一二〇六
天興園	養育巷	七七二
松鶴樓	觀西大街	八六
聚豐園	祥符寺巷	五七六
西德福	中市街	三五四
金和祥	中市街	四八九
新和祥	接駕橋	八二七
義昌福東號	宮巷	五〇六
復興園	南倉橋	一六四
德元館	張廣橋堍	三二三
鴻運樓	臨頓路	一一八二
榮福樓	臨頓路	九二〇
福新園	臨頓路	四八

名稱	地點	電話
三雅園	道前街	二一五
福和祥	東白塔子巷	八二一
德和祥	白塔子巷口	一二一
南樂園	南壕	四三〇
以上蘇館		
太白園	閶門外馬路	八四六
添新樓	閶門外馬路	六八六
同新館	石路	四四七
尙樂園	閶門弔橋西	四三〇
老丹鳳	觀西大街	八九
易和園	觀東大街	七〇九
萬福樓	府前街	五〇九
添和館	中市街	四二〇
萬源館	中市街	四一六
六宜樓	中市街	四六〇
聚福樓	渡僧橋	六八六
以上徽館		
桃李園	橫馬路	
以上津館		
申源樓	橫馬路	
以上教門館		
功德林	阿黛橋堍	一六九九
以上素菜館		
廣南居	觀西大街	一四五七
廣興居	養育巷	
以上宵夜館		
樂意	觀西大街	一二五三
自由農場	觀西大街	五〇四
以上新式菜館		
酒店		
金瑞興	閶門石路	四〇八
其昌	閶門石路	
元大昌	閶門石路	三七三
全美	閶門馬路	六六七
寶裕康記	閶門馬路	
寶裕	渡僧橋堍	六〇三
東升	中市街	八二九
章東明	中市街	
金瑞興	中市街	九九〇
譚萬泰	中市街	八二三
福興	山塘街	八一八

名稱	地點	電話
益大	平橋頭	七〇五
王濟美	察院場	七四四
老萬全	觀前	
同福和	觀前	一二七六
全盛	觀橋	七〇八
	茶館	
福安	閶門馬路	六九八
怡苑	閶門馬路	四九九
長安	閶門馬路	六三七
嘯雲天	閶門馬路	八〇一
吳苑深處	城內太監衖	一二二
茂苑	城內湯家巷	八三九
一樂天	城內衛前街	
桂芳閣	城內宮巷	
鳳翔春	城內道前街	
錦谷	城內臨頓路	
彩雲樓	城內護龍街	
錦帆榭	城內衛前街	
胥苑	城內養育巷	
中和樓	城內東中市	
品芳居	城內玄妙觀	
三萬昌	城內玄妙觀	
如意閣	城內接駕橋	
齊賢居	齊門外	
天福	閶門馬路	
羣賢居	城內臨頓路	
東齋	城內公園	
西亭	城內公園	
廣南居	城內觀前街	
九如	城內懸橋巷口	

三、浴堂

名稱	地點	電話
雙龍池	阿黛橋堍	三〇一
新新園	阿黛橋堍	
天一池	閶門馬路楊樹里	一六七六
洞馥泉	閶門樂榮坊	一一〇四
新清池	南童子門	
彙金泉	城內觀西大街	
蓬瀛	城內太監衖	
聚興園	城內太監衖	
昇園	城內來遠橋	
龍復泉	城內丁家巷	
日新園	城內養育巷	一二八六
雙鳳園	城內崇眞宮橋堍	
瀌園	城內吳殿直巷口	
普益社附設	閶門馬路	
青年會附設	城內觀西大街	
樂羣社附設	城內蓮目巷	
（普益樂羣兼設女子浴所）		

四、劇場

東吳乾坤大劇場	在觀前北局，為蘇地最大之京戲館。日戲，下午一時開幕；夜戲，下午六時開幕。
新舞臺	在閶門外大馬路，男女合演京劇，日夜戲開幕時刻同上。
大舞臺	在新閶門外橫馬路，男女合演新劇。
民醒社	在公園斜對面，亦演新劇。
中央大戲院	在閶門外大馬路，演映電影。
大世界	在留園馬路，有新劇影劇，及各種雜戲。
亦樂園	在閶門外南陽里，有大鼓雙簧等雜耍，下等社會中人爭趨之。
公園電影院	為蘇州唯一影戲院，在王廢基公園，座位舒適，光線亦佳。每日開演二次，價目小洋三角。
青年會	附設影戲部，演映六合公司所出新片，會員券洋四角，非會員洋六角。
樂羣社	專映外國影片，售價較廉。
普益社	間或開映電影。

五、書場

書場大都設於各茶肆中，城內外皆有之。說書者均為光裕社社員（公所在宮巷第一天門），分大小書。大書為評話，如三國、水滸、英烈、濟公傳等；小書為彈詞，如三笑、珍珠塔、雙珠鳳、西廂記等。小書往往有雙擋者。每屆年底，例有說會書之舉。說會書合若干名家於一堂，先後登臺，以妙語博人發笑。平常聽書，連茶二百文，會書倍之。茲將書場列諸於左：

吳苑	太監弄	鳳翔春	道前街	茂苑	湯家巷
錦谷	醋坊橋	彩雲樓	護龍街	胥苑	養育巷
九如	懸橋巷				

說書名家：

張蓮甫	文武香球	王曉峰	金臺傳	楊月槎	珍珠塔
陳瑞卿	雙珠鳳	何可人	西廂	楊星槎	珍珠塔
魏鈺卿	珍珠塔	朱秋田	三笑	楊蓮青	貍貓換太子
黃兆麟	三國	何綬良	三國	范玉山	濟公傳
潘蓮艇	三笑	鍾子亮	岳傳	王畹香	三笑
鍾笑儂	珍珠塔	張步蟾	描金鳳	錢雲峯	楊家將
夏蓮生	三笑	陳蓮卿	繡香囊	章雲飛	英烈
石秀峯	綠牡丹	陳士林	毛家書	莫天鴻	金臺傳
葉聲揚	英烈	朱耀庭	雙珠鳳	史祝亭	三笑
尤少臺	封神榜	朱耀笙	雙珠鳳	許繼祥	英烈
朱蘭庵	西廂	何駿飛	三笑	金筱棣	金臺傳
吳小松	白蛇傳	陳子祥	文武香球	徐玉庠	楊家將
吳小石	白蛇傳				

六、妓院

吳苑鶯花，素著豔譽，金閶阿黛橋畔，女閭櫛比，約計八、九十家。絲竹曼衍之樂，鄭衛幼眇之聲，一片嗷嘈，蕩人心魄。茲政府已有禁娼令下，花飛鶯散有鳳去巢空之概況，姑將冶游舊例，略述如左。

叫局

客假菜館叫局，初次必須於局票上寫明何人所代，庶不冷漠，或一坐便去。

打茶圍

叫局進一步，便可造訪妝閣，藉稍坐談，謂之打茶圍。

做花頭

碰和吃酒，稱之為做花頭。酒菜照例十六元，龜奴娘姨費五六元，謂之下脚。由妓院付車夫飯資，曰轎飯賬。每人一票，計八百文。有一和一酒，即能留髡者，或須吃雙檯、四酒八和，始得眞箇銷魂者，蓋視妓女之聲價如何耳。

他如么二，情形彷彿野雞，每晚至各旅社，兜攬生意。價絕廉，三、四元卽可留宿，惟恐沾染梅毒，不宜問鼎也。

城內有賣曲之書寓，叫堂唱約四、五元。留至天明，須另行加價，曰包天亮。

私娼曰私門頭，夜度資不一。須由熟人介紹，否則無從問津也。

附　冶游竹枝詞

禁娼令下，花事闌珊，往日風流，已成陳蹟。然此中掌故習俗，可於詞中窺其一斑。故錄之如左。

滿路香風播轍塵，鞭絲斜拂馬蹄勻。
金昌馳道飄然過，妬煞洋橋堍下人。

（薄暮多駕馬車，挾妓兜風。而一般山梁中人，每嘖嘖稱羨。）

慣餌癡兒上釣鉤，阿儂假意弄温柔。
笑他灌得迷湯飽，正好明朝下斧頭。

（蘇地淌白充斥，風氣大壞。）

閟境仙源長綠苔，青陽隄畔小蓬萊。
櫻花謝盡櫻桃落，剩有香魂薦夢來。

（青陽隄多島妓，皆老醜不堪。）

蘭湯試浴復低徊，盆盎青瓷淨不埃。
輕展芙蓉屏九疊，東風莫放過簾來。

（蘇州飯店特別房間，多設浴池，青樓中人皆樂就之。）

碧楊樹下繫銀驄，花底嬋娟淺淡紅。
縹緲酒魂禁不住，細評眉眼問梳櫳。

（游倦歸來，多至坊里間作狹邪游。）

綠漲三篙沒舊痕，留園游客夠銷魂。

從來多少風流話，付與陰沈又一村。

（留園為幽會密約之集中地，而又一村尤多。）

冠雲峰下有茅亭，席地松針養翠翎。

欲與阿儂爭婉嫿，園丁來報雀開屏。

（冠雲峯下茅亭內，蓄一孔雀，見粲者來，則舒尾開屏。）

五銖衫薄逞風流，一路斜陽送畫輈。

賞識新來名旦角，展眉微笑坐花樓。

（一般閨秀及青樓中人最愛觀劇，而於旦角更為注意。）

手點轉篙刺素波，黃天蕩水鏡新磨。

蓮花那比儂嬌豔，底事檀郎愛賞荷。

（葑門外黃天蕩多荷花，初秋，妓家有出廠船之舉。）

桂楫蘭橈酒市開，綠波心裏萬花陪。

湖風過處聞絃管，知有詞人挾妓來。

（酒面邀歡，花間挾豔，其樂更甚。）

蓮心細剝勝香檳，妙劑清涼上絳脣。

醉睨檀郎先一笑，笑他湖上採蓮人。

（鄉人多駕艇賣花，而購其蓮子下酒，更稱雋絕。）

弄潮生活水中緣，無數村童狎畫船。

忽地拍波齊鼓噪，湖心去拾美人錢。

（村童終中游泳水中，遇船即攀沿索錢。一般妓女好以銅圓遠擲湖中，彼輩即鶩趣往攫，亦絕技也。）

畫橋燈火送歸橈，已過葑谿入近郊。

此意分明賞花罷，故將荷葉掛船梢。

（出廠船歸，多以蓮花葉繫諸船梢。）

七香車子載嬋娟，閃電明燈百寶攢。
更有心頭饒韻事，斜飛媚眼幾同看。

（妓家包車最精究，有美聿載，幾疑天上雲輧。）

珠簾齊捲晚妝新，太白樓頭蕩麴塵。
正是樓臺燈火候，憑闌細看應㡬人。

（金閶太白園在橫馬路口，黃昏時憑闌以看出堂唱，別有興味。）

青樓情味本無涯，娘剝蓮心女剝瓜。
莫怪癡兒渾不管，妝臺日日侍簪花。

（夏日青樓中多設蓮子羹、冰西瓜，以之敬客。）

朱樓酒罷夜何如，送客留髡悄悄呼。
最是宵涼人未睡，去邀膩伴試樗蒱。

（夜深散客，一般狎客多在亭子間碰小麻雀。）

巷底烏衣結綺巢，路燈影下女妖嬈。
蛾眉不惜橫波眼，賣盡溫柔撒盡嬌。

（么鳳多在弄口路燈下，媚態餌客。）

轍影鞭絲碾大隄，前車過處播香泥。
絲韁輕抖追蹤去，更有芳塵送馬蹄。

（兜風時數車馳逐，或有載佳麗者，則羣釘其梢。）

樓開宴月晚風涼，侑酒飛㡬共寫將。
幾輩風流老名士，酒邊猶自憶吟香。

（名妓吟香既謝世，而猶多憶及之者。）

番菜洋樓拾級登，白蘭地酒怯難勝。

阿儂體貼檀郎意，頻勸今宵莫飲冰。

（入夏各番菜館多有冰其濂。）

聆到皮簧敢自誇，琴絃故索亂琵琶。

小梅歌調儂聽慣，祇此清聲是葬花。

（青樓中人亦多能唱梅調。）

小姑微笑問梔子，弱妹牽衣談鳳仙。

恨煞一般癡公子，愛花亂擲美人錢。

（賣花女子，有兼賣身者。）

七、食貨名產

白沙枇杷	（洞庭東山）	香糟鰣魚	（稻香村）
水晶楊梅	（洞庭東山）	雞肉餃	（東祿）
南蕩嫩藕	（黃天蕩）	方糕	（葉受和）
南蕩芡實	（黃天蕩）	醬鴨	（陸稿薦）
碧螺春茶	（洞庭東山）	梨膏糖	（文魁齋）
三白西瓜	（雪溝）	滷鴨麵	（松鶴樓）
陽澄湖蟹	（陽澄湖）	蹄子麵	（觀振興）
黃埭香瓜	（黃埭）	小羊麵	（老丹鳳）
蔣園蜜桃	（婁門蔣園）	米風糕	（周萬興）
虎丘玫瑰	（虎丘）	六神丸	（雷允上）
太湖蘿蔔	（太湖）	鼻煙	（西興盛）
太湖蒓菜	（太湖）	扇	（毛恆風）
松花糖菌	（山寺）	黑虎丹	（良利堂）
龍腦薄荷	（府學龍門）	戈製半夏	（臨頓路戈氏）
橫涇燒酒	（橫涇）	宋製陳皮	（山塘宋公祠）
滸關草蓆	（滸墅關）	祕製肺露	（平江路張三和堂）
五色羊毯	（唯亭）	象牙玩具	（張萬源）
船菜	（夏桂林花船）	皮箱	（戎鎰昌）
梅醬糖	（一枝香）	剪刀	（張小全）
脆松糖	（采芝齋）	疳積藥餅	（普濟堂）
月餅	（稻香村）	蝙蝠糞（入痧藥）	（府學大成殿）
水炒瓜子	（稻香村）		

各業機關

第六、各業機關

一、行政機關

名稱	地址	電話	委員
蘇州市一區	天后宮	一五九六	施锜清　汪稼倉
蘇州市二區	紅板橋	九九六	顏亞偉　顧容川
蘇州市三區	宋仙洲巷	六一〇	許厚基　程寅生
蘇州市四區	清微道院	五八七	馬伯龍　沈東璋
蘇州市五區	佑聖觀	四六三	王鴻賓　顧翔麟
蘇州市六區	三山會館	七六九	陳君玉　金冰志
蘇州市七區	齊門外路頭堂	三一三	楊則庭　潘萃青

二、公署

名稱	地點	電話
吳縣政府	吳縣橫街	四九
縣公安局	南壕	一四一三
市公安局	府前街	一一一三
水上公安局	舊撫署前	二一八
蘇州市政府	府前街	
高等法院	道前街	二五六 一〇九
地方法院	挑花塢	八八八
蘇州關監督	舊撫署	六六〇
交涉員公署	舊撫署	五三六
蘇州關	覓渡橋	三〇
稅務公所	馬大籙巷	四四九
日本領事署	盤門外二馬路	一五

三、公衆機關

名稱	地點	電話
火車站	平門外	三一九
車站貨棧房	平門外	五九九
郵政總局	阿黛橋	三〇八
電報局	天庫前	四四二
電話局	閶丘坊巷	八

名稱	地點	電話
電話局問訊處	閶丘坊巷	五〇〇
總商會	西百花巷	六五一
市黨部	洛水倉橋	一三八六
商民協會	舊長洲署前	一〇九五
鹽公堂	吳衙場	八一
江南水利局	蓀葭巷	一六七八
太湖流域水利工程處	大郎橋巷	七六四
報界協會	東中市	
律師公會	海紅坊	六三〇
紅十字會	舊元和署前	一四四四
人力車公會	富仁坊巷	一五八一
全省典業公所	清嘉坊巷	五〇五
華洋布業職工會	中街路	一五四四
吳縣農民協會	胡書記橋	一七二一
公共體育場	王廢基	七三〇
古物保管委員會江蘇分會	朱家園	一四二
吳縣公款公產經理處	舊元和署	四一
吳縣市鄉公會	鵝頸灣	一四五六
蘇州國民拒毒同志會	宮巷	一六二
蘇州市政研究會	北局	一七三
吳縣婦女協會整理委員會	倉米巷	
蘇州總工會整理委員會	塔倪巷	一二五二

四、教育機關

（一）省教育機關

中央大學區立蘇州圖書館	滄浪亭
蘇州中學高中部	三元坊
蘇州中學初中部	草橋
蘇州女子中學	新橋巷
蘇州中學實驗小學	三元坊
蘇州女子中學實驗小學	小倉口
蘇州農業學校	上新橋
醫學專門學校	留園馬路
中央大學工學院蘇州職業學校	三元坊

（二）縣教育機關

吳縣公立圖書館	公園路	吳縣縣立師範學校	滄浪亭
吳縣公共體育場	五卅路	吳縣縣立初級中學校	滄浪亭
吳縣通俗教育館	舊學前		

（三）市教育機關

市立著名學校

城東小學	大儒巷	新閶小學	新閶門
城西小學	剪金橋巷	春申小學	包衙前
城南小學	駙馬府堂前	泰伯小學	申衙前
城北小學	謝衙前	城西幼稚園	剪金橋巷
城中小學	草橋	城中幼稚園	草橋
平江小學	平江路	平江幼稚園	平江路
平直小學	平橋直街		

（四）行政機關

吳縣教育局	公園路
蘇州市政府社會科教育股	舊學前

（五）著名私立學校

東吳大學	天賜莊	桃塢中學	桃花塢
蘇州美術專門學校	滄浪亭	振聲中學	馬醫科
中山體育專門學校	舊長署前	樂羣中學	司長巷
成烈體育專門學校	閶門外朱家莊	振華女學	織造府場
蘇州中醫專門學校	護龍街裝家橋	澄華女學	顏家巷
江蘇女子職業中學校	學士街	景海女學	天賜莊
樂益女子中學校	王廢基	慧靈女學	謝衙前
伯樂初級中學校	舊長署前	英華女學	慕家花園
純一學校	吳縣前	尚德女學	顏家巷
樹德學校	桃花塢	慎修女學	馬大籙巷
紗緞學校	皮市街	務初小學第一校	桃花塢
康濟學校	南採蓮巷	務初小學第二校	洙泗巷
胥江小學	胥門內金獅河沿	潘松鱗小學	懸橋巷
東吳第一中學	天賜莊	彭氏小學	葑門內
萃英中學	義慈巷	日本小學	三馬路
晏成中學	謝衙前		

（六）研究機關

吳縣縣教育會	公園路
蘇州市教育會	五卅路
中央大學區圖書館聯合會	滄浪亭
中央大學區地方教育第四分區	三元坊
大學院古物保管委員會江蘇分會	滄浪亭
大學院古物保管委員會吳縣支會	同上
東大南高蘇州同學會	三元坊
蘇州市小學校長聯合會	大儒巷
蘇州市小學教職員聯合會	公園路

（七）其他教育機關

蘇州美術館	滄浪亭	醫學研究會	宮巷
蘇州青年會	青年路	生物學研究會	宮巷
蘇州樂羣社	宮巷	志華園園藝俱樂部	五卅路
蘇州普益社	閶門外	振蘇農場	葑門南園

五、藝術團體

（一）冷紅畫會　十梓街

冷紅畫會，為國粹畫家組織而成。每歲春秋二季，例必陳列會員作品於青年會，以供人欣賞，間或有西洋畫，惟少數耳。會員如陳伽盦、樊少雲、陳子清、蔣吟秋、顧墨彝、蔡震淵、徐康民、汪君碩、樊穎初、管一得等，其尤著者也。

（二）美術會　鐵瓶巷

美術會，為西洋畫家組織而成。歲首亦必舉行畫會，間或有國粹畫。會員如朱士傑、黃覺寺、胡粹中、顏文樑等，而以顏文樑主其事。茲顏君游歷法國，畫會因之暫擱矣。

（三）星社　温家岸　棗市街

星社，創立於壬戌年，為文藝小說團體。每歲舉行雅集若干次，曾發行星報、星光、星宿海、羅星集諸刊物，幷有星社叢書，在計畫中。年來社員大半供職海上，文酒之會，不及曩時之盛矣。社員姓名，列諸於左。

程瞻廬	金季鶴	范佩萸	范君博	楊劍花
朱楓隱	屠守拙	徐碧波	范菊高	周克讓
范烟橋	蔣吟秋	黃轉陶	吳聞天	尤次範
江紅蕉	尤半狂	顧醉萸	尤卓厂	趙芝岩
程小青	姚賡夔	鄭逸梅	陶冷月	孫紀于
趙眠雲	顧明道	陳蓮痕	黃若玄	

（四）西亭謎社　公園西亭

西亭謎社，為程瞻廬、朱楓隱等所組織。歲首輒張燈製謎，一般有謎癖者，紛紛往射，頗極一時之盛。

附書畫家一覽表

姓名	住址	姓名	住址
汪君碩	古市巷	吳子鼎	閶邱坊巷
張仲仁	吳殿直巷	樊少雲	顏家巷
費韋齋	桃花塢	顧墨彝	朱家園
蔣吟秋	十全街王衙里	蔡震淵	飲馬橋
蘇宙忱	河沿街	吳湖帆	南倉橋
俞粟廬	宜多賓巷	陳子清	迎楓橋堍
吳蔭培	乘馬坡巷	黃築巖	河沿街
趙眠雲	胥門外棗市	顏純生	干將坊
陳子彝	護龍街	蔣宜安	富仁坊巷
范君博	碧鳳坊巷	顧彥平	鐵瓶巷
俞蘊蘭	船舫巷	袁培基	木瀆下沙
吳子深	桃花塢	劉臨川	因果巷
顧鶴逸	朱家園	管一得	護龍街
陳伽盦	護龍街		

六、商業

金融	地址	電話
中國銀行	觀前街	一〇二一
中國銀行	西中市德馨里	三六六
交通銀行	西中市	三八九
上海商業儲蓄銀行	西中市	六七〇
江蘇銀行	西中市德馨里	二六九
信孚銀行	觀前街	
吳縣田業銀行	觀前街	七七九
國華銀行	察院場	六一二
保大錢莊	觀前	一八六
久豐錢莊	觀前	一三〇〇
義大錢莊	觀前	七二八
義康錢莊	觀前	六一
恆大錢莊	觀前	
久源錢莊	中市街	三八三
仁昌裕錢莊	中市街	三四〇
順康錢莊	中市街	三四八
鴻源錢莊	中市街	三四四
永豐錢莊	中市街	三三七
義成裕錢莊	中市街	四一九
協豐錢莊	中市街	四九二
生大錢莊	中市街	
萃生錢莊	中市街	六一七
慶泰錢莊	中市街	一五三
永生錢莊	中市街	三三三
晉生錢莊	中市街	六三二
恆利錢莊	中市街	三八四
恆餘錢莊	中市街	九二二
復豫錢莊	中市街	三四七
義源錢莊	中市街	六四九
福大錢莊	中市街	四四一
瑞元錢莊	德馨里	九〇三
豐泰錢莊	德馨里	三四一
茂生錢莊	皋橋	八四八
慎餘錢莊	胥門大街	

報館	地址	電話
吳縣日報（原名吳語）	高師巷	一四三
吳縣市鄉公報	宮巷	七二
新蘇劇報	閶門外	
蘇州明報	横馬路	一四四
世界日報	五福衖	
中報	東中市	一五六一
大公報	蔡匯河頭	
蘇州日報	蔡匯河頭	一六三二
大蘇報	平門新馬路	
以上均日出一大張，售銅元四枚，大蘇報計一張半售銅元五枚。		
新聞報分館	東中市	三七八
申報分館	東中市	一四四九
時報分館	東中市	
時事新報分館	東中市	
民國日報分館	東中市	
晶報分館	東中市	
上海畫報分館	東中市	
金鋼鑽報分館	東中市	
福爾摩斯報分館	東中市	
以上均代派上海報紙。		

書坊	地址	電話	書坊	地址	電話
商務印書館	觀前街	二九〇	交通圖書館	觀前街	八七六
平江書局	觀前街	五六八	瑪瑙經房	觀前街	五三九
振新書社	觀前街	五六二	掃葉山房	西中市	
小說林	觀前街	二九二	綠蔭堂	西中市	
文怡書局	觀前街				

印刷局	地址	電話
文新印刷公司	西中市	八九一
大蘇印刷所	觀西大街	一四一四
利蘇印書社	觀西大街	二二一
高義泰印刷所	東中市	
華商印刷所	西中市	一四〇一
新華印刷所	養育巷	七九〇
毛上珍印刷所	臨頓路	一六一二

衣食雜類	地址	電話
介綸綢莊	西中市	四一五
老人和綢莊	西中市	六三九
乾泰祥綢莊	觀前街	二三八
天祥洋貨綢莊	觀前街	三二
大綸衣莊	舊學前	二六六
復泰祥皮貨莊	觀前街	一一〇八
大同顧繡莊	觀前街	七四〇
倪源源珠寶號	觀前街	七五九
餘昌鐘錶號	觀前街	七九九
慎昌鐘錶號	觀前街	
恆孚銀樓	觀前街	七七
稻香村糖果舖	觀前街	一三四六
葉受和糖果舖	觀前街	八五
采芝齋糖果舖	觀前街	三四八
文魁齋糖果舖	元妙觀	
汪瑞裕茶葉舖	觀前街	
生春陽火腿號	觀前街	一〇六四
陸稿薦醬肉舖	觀前街	
華英大藥房	觀前街	一三四
東來華牋紙號	觀前街	一二七三
二林堂筆墨號	觀前街	
戎鎰昌皮革號	東中市	八八四
月中桂香粉號	觀前街	
西天寶鞋號	觀前街	
柳村照相館	觀前街	二一七
中華理髮店	宮巷	
大同理髮店	閶門外	

七、公司

名稱	地點	電話
美孚煤油公司	閶門外	四〇二
英美煙公司	閶門外	四五九
華商煙公司	閶門外	一四九七
南洋煙草公司	閶門外	六〇一
亞細亞煤油公司	閶門外	九七〇 三五七
泰和建築公司	閶門外	一二六二
恆豐麪粉公司	新民橋	一四八四
茂新麪粉公司	新民橋	六二四

名稱	地點	電話
德士古煤油公司	橫馬路	三九七
中興煤礦公司	火車站	一二一一
福中公司	火車站	一〇七三
恆源煤礦公司	四擺渡	一二一九
太湖石灰公司	南濠街	一四五七
潤源煤礦公司	南濠街	一一八九
德餘煤油公司	南濠街	三九七
永年人壽保險公司	南陽里	一四九
永明人壽保險公司	太平坊	四六三
華安人壽保險公司	養育巷	二二七
大同麪粉公司	下塘街	一〇五一
九豐麪粉公司	山塘街	一〇五一
泰隆麪粉公司	山塘街	一四九九
馬鎔興牛肉公司	渡僧橋	一三八七
榮昌興煤公司	南碼頭	九二四
祥興洽煤油公司	齊門外	一〇八〇
泰豐五金公司	觀前街	七七一
廣生行有限公司	西中市	八〇八
德華蘇繡實業公司	西中市	六四八
貽成麪粉公司	山塘橋堍	一六四八
合興煤油公司	葑門外	七六二
政新水門汀公司	南濠	一六九五
華新電料公司	東中市	一〇四九

八、工廠

名稱	地點	電話
武林鐵工廠	南顯子巷	一〇六七
公民布廠	二門口	九四四
震豐布廠	十全街	五四九
興業布廠	桃花塢	三四六
益亞布廠	十全街	一九二
振亞公司手織部	倉街	九七
振亞公司力織部	倉街	八三
天孫廠	齊門石皮衖	六九四
東吳廠	閭丘坊巷	一〇二七
美綸廠	閭丘坊巷	七九五
延齡廠	皮市街打線衖	八一六
開源廠	西北街大營門	一〇八五
三吳廠	胡相思巷	一三四四

名稱	地點	電話
宏大廠	護龍街	四七六
蘇新廠	北寺前	一二四六
德豐和	古寺巷	
亞東廠	西白塔子巷	七九一
王義豐	皮市街	一五六二
程裕源		三六一
宏興慶	花駁岸	五九七
協成廠	齊門內蕭王衖	一四五〇
大緯廠	唐家衖	六七
源盛絲廠	盤門外	一五一
源盛東廠	覓渡橋	七六七
省立絲織模範工場	盤門外梅家橋	六八
蘇綸絲廠	盤門外	九五六
蘇經紡織廠	齊門大街	二五九
鴻生火柴廠	胥門外	六七
燮昌火柴廠	胥門外	七〇七
華盛造紙廠	閶門外鳳皇橋	九八三
華章造紙廠	滸墅關	
蘇州電氣廠	棗市	二一四
蘇邁爾磚瓦廠	覓渡橋	
橋本鈕扣廠	日租界	一〇三四
省立第二工場	棗市	五二九
瑞記水廠	胥門外	五三二
華安水廠	大日暉橋	五二四
大中華紋工廠	舊學前	一一八
公興金冰廠	胥門外	一一九〇
天洹冰廠	胥門外	五七
中興礦灰廠	婁門外下塘	一〇六一
公餘襪廠	戈登橋	一二一三
華豐織布廠	蔣廟後巷	一五七四

清遊小誌

第七、清遊小誌

滄浪撫碣記

滄浪亭，吳中勝地也，但僻處城南，終年封鐍，荒煙闃寂，罕有游蹤。今夏亢旱，民牧迺迎香雪海之銅觀音臨茲以祈雨，於是鈿車繡幰，士女連翩，或稽首慈雲，或低徊遺蹟。余亦於屈原沈江前一日，偶往覽勝焉，入門右折，循曲廊行，雀糞蛛絲，泥堊剝蝕。額有步碕二字，過斯則為明道堂，銅觀音卽供奉於此，象高二三尺，御白繒文繢之圍衣，端坐波黎龕中，兩側有瑞光普照沛澤流慈諸御賜牌。而盈盈紅粉，列拜滿前，蓋若輩尤喜與白衣大士結一重香火緣也。柱多聯語，余出袖珍册子錄其一云：漁笛好同聽，羨諸君判牘餘閒，清興南樓追庾亮；塵纓聊一濯，擬明日刺船徑去，遙情滄海契成連。堂左有月窟門，進則為五百名賢祠，壁嵌碑碣，都百有餘方，悉圖先彥狀貌，恰符五百之數。涉足至此，自動人景仰之忱也，階前隙地，漠泊多竹，然來此結香火緣者，輒剡一二莖葉以歸，謂可療治宿疾。不旬日間，賢祠之竹，遂如牛山之木矣。逡巡出祠，穿石洞而上陟埊敦，葛藟莽繚中，有白皮松若干株，高尋丈，亦與竹同遭災阨，幹皮既盡，萎偃欲死，余不禁深為君子大夫喈惋也。時天忽靊霂，亟走入靜吟水榭避之，陂塘中扶渠，方舒翠蓋，雨珠激濺，其聲瑟瑟然，頗足發人清機。移頃，雲陰解駁，余乃於斜暉中賦歸去云。

寒山春雨記

寒食前二日，買櫂作天池山之游，予與諸學友偕焉。於上津橋登舟，俄而解維舟發，時天忽暝然有雨意，始而廉纖，繼而滂沱。偶推篷牕外望，遠岫空濛，幾似倪迂畫幅。而雨珠激水，千萬浮漚，頗饒奇趣。榜人因謂往天池山，須在白馬澗上岸，陟坡循麓，尚有一十許里，與其溼屐齒而謁山靈，毋寧折至楓橋，撫古碑而聆鐘韻。不得已從之，然興為之大減。馬君迺戲言曰，天時（時諧為池）不如地利，前彥早有明訓，吾儕緩日當作地利山游，且得於人和館中一謀醉飽，合座為之嘔噱。既而抵橋畔，相率擎蓋，趨寒山寺小憩。寺以寒山拾得而名，當門為一亭，植以御碑，詩不及錄。正中為殿宇，佛像莊嚴，槃膝蓮座，有戲摩其足者，王子因出照影機曰，是可攝之為圖，蓋急來抱佛脚也。鐘樓在殿后，雖經圮廢，然猶拾級可登，鐘絕巨，色黝黮，聞已匪故物。曩日之鐘，早被扶桑侏儒攫之去矣。偶以莛叩之，鍠然作響，且嫋嫋有餘韻。殿之耳廡，數椽小築，壁間多拓印之聯屏。庭院中杏方著花，爛熳滿樹，雨絲飄襲，紅暈欲流，奼豔不可名狀。廊間有唐張繼詩詩碑，碑本為文待詔書，年久漫漶，茲由曲園老人重寫之。斯外更有康長素碑一，亦有詩云：鐘聲已渡海雲東，冷盡寒山古寺風，勿使豐干又饒舌，化人再到不空空。聖人到處留題，勝蹟之幸耶，抑不幸耶，予不得而知之矣。緇流出拾得像求售，某購其一幀，計小銀幣三枚。臨購向人曰，如是代價，值得否。王子答之曰，拾得當然值得，某為粲齒。時吾儕咸有枵腹憂，遂歸舟理膳政。既已，重又放棹，至西園小泊。池畔有桃，諸女侶見之大懌，倚柯留影，大有李謫仙嬌女字平陽，折花倚桃邊之詩意云。

天平參笏記

孟冬之中澣八日，吻爽方盥漱，聞剝啄聲，啓扉則程子小青也，卽驅車同赴金昌阿黛橋之鐵路飯店，以覿諸海上俊侶，蓋先期函約者。俊侶為天虛我生、瘦鵑、小蝶、慕琴、常覺、筱巢、道鄰、春、及嫻君、翠娜、紫綃諸女史，盍簪既，僉謀天平之游，論舟值定，囑榜人為市肴蔬，相偕先謁涵碧莊游焉。紅鱗瀺灂，小鳥聒碎，頓覺心神為曠，縈紆亭榭，悤遽歷之。至冠雲峯，道鄰出機以留眞，諸子傑俿立，慕琴獨尻坐，衆目為猴，蓋慕琴躁佻趯趙，攀石援木，為狀絕肖也。入又一村，籠鶴振翎，有不羣之概，瘦鵑戲以獨鶴呼之，而鶴振翎如故，迺曰，獨鶴跂訾哉，呼之而竟不膺也，皆啞然笑。領略徧，乃趣阿黛橋下舟，塡咽盈船腹，紫梨津潤，檞栗罅發，慕琴更出其行坐不離視為第二生命之百代話匣，轉片發聲，鏗戛為歐樂，繼則生旦雜作，小蝶厭聞強止之，而瘦鵑清譚嬋嫣，不覺已達楓橋。小蝶坐鷁首，與翠娜商量畫稿，小汀雲樹，茆舍兩三，著筆不多，而已悠然有遠意。午抵栖星橋，榜人謂河渠堙塞，不能再進，遂停橈而繫焉。燔炙芬烈，飯以果腹，或乘輕輿，或控蹇衞，駢坒循田塍行，曼曼可五里，陂陀起伏，遂舍輿衞而步磴，奈無屮蹻，躓跲難前，然不肯示弱，仡仡以上，望支硎蹕路，廢址歸然，咸羨十全老人棄廟堂而棲山林，善乎其游哉。旋至童子門，少憩。惜秋盡，諸楓橚槮，葉早辭柯，委地而黃，否則停車可賞，霜醉似花，不讓瀛洲三島之紅櫻也。約半里許，長松森萃，則范文正公墓矣，欽遲久之，偶昂首上矚，崔巍巊峛，棧巉巉嶮，立者、欹者、騁者、駐者、偃者、仰者，忽磔裂、忽攢蹙、忽纚連，如狻猊髬髵，如青龍蚴蟉，如鬼物攫人，如鸞鶴之騰舉翱翔，如怒濤之激蕩濆涌，不可盡舉其狀態。而磐石多聳矗，髣髴手笏以朝丹霄，故有萬笏朝天之號，是天平之絕勝也。更相與披榛莽而上陟，足踐黃葉，屑窣有聲，轉折過石鐘鸚鵡石，而抵鉢盂泉，小坐山樓，茗解渴吻，味甘洌可口，凭窗遙眺，靈巖獅嶺，微籠薄靄，而瀰迆壙埌，空廓若無人蹤。斯時超然塵壒，辟易俗慮，有終老煙雲之想。

樓后石隙中，涓涓水溜，洞竹通之，入鉢多羅，不溢亦不涸，歲以為常，鉢盂泉之得名在此。出而右向，峭壁中斷，成羊腸徑，踞踧僅容側身，石以級之，曰一綫梯，慕琴為導，滑不受趾，幾傾墮，瘦鵑因曰，不若是，不足以見名山之勝，猶行文然，尙險而病平衍也。接踵勃窣上，翠娜御高跟鞾，亦冶步而登，卉木跃蔓，別為淸境，道鄰又機以收攝之。時促且疲苶，不克隮望湖臺，遂聯袂相扶而下，蹩躄更甚，皆涊然汗出，既而悉下舟，欸乃一聲，綠波畫破，各肆譚笑聞。嫻君開匳掠鬖，小蝶攫粉紙以自拭面，強嫻君為之執鏡，旖旎風光，有非筆墨所能形狀。俄船娘謂紫蟹熟，蓋小蝶購於市中者，乃持螯而酌醁醽，餔餟畢，盡撤去，出撲克牌為捉烏龜之游戲，嘔噱不止。時已曜靈西匿，漸覺昏黃，而金昌亦至矣，還鐵路飯店，眠雲留札在，擬宴諸子於眉史林月娥處。晨困小極，未隨屐齒，茲以盡地主誼耳，於是笙歌迭侑，流斝飛觴，若玄轉陶亦來會。一一侶介，微醺而散，諸子即長車歸匽籟。夫雋游若此，能有幾回。恐後惝然如夢，不可追憶也。亟於鐙下奮筆以記之。

網師園聽雨記

吳中諸園林，徧印予之屐齒矣，獨葑溪網師園，初未窺其勝，因門禁嚴，匪熟諗者，不得問津於桃花源焉。蔣子吟秋居邇園，承折柬以相招，並邀眠雲與俱，素心相晤，嘯傲林泉，其樂也奚似。是日，余先至吟秋廬，正懽譚間，而眠雲至，即同蒞網師園。園在闊家頭巷，為張氏產，昔為網師庵。瞿氏治之，庵廢而園興。及瞿氏式微，李香巖代為主人，更名為蘧園，且園居蘇子美之滄浪亭東，亦稱之為蘇鄰小築。及香巖死，子孫不能有，又易姓而為張，又易名而為逸園，此中蓋小有滄桑矣。園之勝有殿春簃，簃栽芍藥；有琳琅館，館蓄錦鱗。他如濯纓水閣之可挹爽，髯僊詩舫之堪容膝，咸極宛奧迴折之妙。而石之攢蹙累積，木之糾錯蒼矗，更盎然有古意，皆非一朝夕之所能致也。吾儕循廊窮徑，憩坐東震谿堂，進餌充飢，殊可口。時天暝然有雨意，既而淅瀝作響，衆卉沐之，葉作新翠。而雨勢挾風，紅薇紫藤，繽紛而落，飄著襟袂，有墮於茗琖中者。眠雲因大樂曰，偷半日閒，領同棋趣，藉茲盤桓，不其仙乎。蓋同棋者，眠雲素所癖嗜者也。雨稍殺，又復徜徉肆恣，壁柱多聯語，遂濡筆以錄之。大澂云：小園新展西南角，斗酒屢瞑雲霧牕，石菴云，一片雲山摩詰畫。四時花鳥杜陵詩。錫鑾云：庭前大樹老於我，天外斜陽紅上樓，俱足為亭榭點綴。池水之南，有石巍然。刻槃、阿二字。乃南宋史相國萬卷堂前故物，是尋古遺事者之所流連者也。垂暮，迺驅車冒雨而還，時梅子新嘗，櫻桃初熟，正立夏之后一日也。

挹蕖小記

雙星渡河前五日，眠雲吟秋，約敍小蒼別墅。別墅在金獅巷，花木扶疏，別有清趣。盧子茶經，劉伶酒頌，蓋膾炙人口久矣。懽譚正洽，聞天忽來，此公詼諧，更添興趣。眠雲更出示新購湘妃竹扇，斑斑紅淚，痕跡宛然，值六十金，的是珍物。頃眠雲家人遣僮來，云瘦鵑賁臨吳門，有電來招，予卽與眠雲驅車至金昌，握晤於蘇州飯店。與瘦鵑同來者，為其夫人鳳君，暨張雲龕伉儷。雲龕擅攝影術，造化精微，收羅鏡底，亦海上俊流也。時已掌鐙，遂理膳政，笑談雜作，足抒胸臆。十一時許，偕眠雲返棗墅，因來朝相約，作荷花宕之游也。

一昨稍憊，晨起殊晏，略進點心，卽赴金昌。雇一汽油艇子，在南新橋下船，機聲軋軋，駛行甚速，而清譚嬋嫣，佐以瓜仁梅脯，較諸接席啣杯，更覺逌然有趣。沿青陽地，穿寶帶橋，橋為唐刺史王仲舒出帶佽助而成，故以為名。長虹臥波，環洞計五十有三，亦吾吳勝景也。過此則蟹舍魚罾，水雲杳靄，頓令吾儕塵囂中人，為之一清心腑，蓋已抵葑門外矣。今夏亢旱，襏襫之父，瘁於桔槔。雲龕忽指左岸曰，孥稚老叟，健媍壯夫，合力工作，煞是好看。予因觀之曰，如是數輩，大約闔第光臨矣，相與大笑。抵荷花宕，時適亭午，幸有微颸拂袂，未為汗淋學士。兩岸多白蓮，羽衣瑟瑟，翠蓋田田，偶憶盧照鄰浮香繞曲岸，圓影覆華池句，為之低吟久之。奈水淺渟涔，不能通入，否則小舟晝槳，容於綠波，四壁俱花，清芬欲醉，則此身離世而上仙矣。泊岸多畫舫，金樽白穀，迭侑笙歌，眉史小雙珠、富春樓，瓌艷翩鴻，傾城眳藐，尤為此中翹楚，常來此間，抱月飄煙，幾似淩波仙子也。村氓以蓮為生涯，擷花求售，兼賣蓮蓬，瘦鵑戲購若干枚，分貽吾輩，而鳳君及雲龕夫人，各擘蓮菂，以餉檀郎。啖既，又通梗為斗，試吸淡巴菰以為笑樂。僉擬再游黃天蕩，不料機具稍損，檠停難前，司機者斡旋之，扳制之，遲久无效，心中悶瞀，不可言狀。瘦鵑忽合十向雲龕膜拜曰，是當叩求彌勒佛矣，蓋雲龕豐碩，略具佛體也。移時機忽動，衆咸狂喜，幾欲作距躍三百。延時既多，遂罷止黃天蕩游，而亟作返櫂計。於胥門登岸，趨小蒼別墅，剖瓜解渴，蒸餌充飢。旋又至護龍街怡園，古樹虯蟠，假山鬼疊，廊榭錯繆，池水汀瀅，園不大而紆曲有致，匪胸具邱壑者，曷克位置如此。題聯盈壁柱，大都集夢牕詞，天衣無縫。瘦鵑走鉛以錄之，然忽促難遍也，俄而雲龕夫人坐池畔，作微睇緜藐態，雲龕鏡以攝留之，鳳君繼攝一片，鬢沾花香，裙溼石露，亦殊嫺雅可人。領略一周，雇車至新太和酒敍，饜飫既，諸子卽理行篋還滬瀆。予於燈下援筆記之，亦雪泥鴻爪之意云爾。

弔櫻記

櫻，蓬萊之名種也。每屆花時，舉國士女，攜榼郊坰，往往飲而醉，醉而婆娑作舞，狂懽竟日，洵韻事也。予亦嗜花若命者，但以雲水遐阻，未能一睹其盛為憾。一昨星社會讌於鶴巢（詩人金季鶴居），烟橋轉陶兩子，謂青陽地畔，亦栽有異域之櫻。又以曾觀其花為傲，予聞之忻然生羨，迺於越日午後驅車往賞焉。車循盤門大衢行，觸目皆廢墟頹垣，曩日之珠樓玉樹，粉窟脂窩，尠有存者，夫一轉瞬間耳，而滄桑之變如此，不覺感慨係之。經三馬路，而抵日領事館，櫻花夾道，繽紛眏麗，遂停車而徘徊其間，花計數十百株，色白而五出，瓣緣暈輕絳，狀殊肖梅。然有梅之妍而無梅之氣韻也。初蓓蕾時，亦不著葉，今則花半辭萼，嫩葉微舒，與兩子所觀一白似雪者，已稍有不同矣。烏虖，春來花事，容易闌珊，予固知花之命之不長也，故迫不及待而來此，猶得一弔夫將悴之花容，臨銷之香魄，其殆與花有緣歟。歸途便訪宋蚱蜢墓、及漢破虜將軍孫堅吳夫人子討逆將軍策墓，斜陽荒艸，亦有令人悽愴憯悽而不能自已云。

賞牡丹記

白蓮涇之牡丹，夙有聲於吳邑。穀雨後二日，余興二三素侶，掎裳連襼往賞焉，由朱家莊行，繡塍埜陌，透迤修迴，已而流水一灣，粼粼微皺，卽白蓮涇是。涇涘有培德堂，趨而入，宇舍杳窱，小有園林之勝，而庭園中累石嶙峋。牡丹叢植其中，繞以曲闌，覆以幄幙，蓋皆所以護花者也。時花方怒坼，其大盈椀，都數十本，有作魏家紫者，有丹豔絶雞冠者，有淺絳比美人之飛霞妝者，而以淺絳者為夥。颸來拂之，傾側不定，宿雨滴瀉，石苔為潤。對面一廳事，額有四字曰香國花天，再進為微波榭，別有牡丹數十本，亦以闌幙護之。而淺絳紛披中，雜以嬌黃之杜鵑，益覺絢爛炫目，榭側停棒，縱橫儲積。嚮者桐鄉嚴獨鶴履茲，曾有牡丹花下死之雅謔。今日思之，猶為失笑。境既徧歷，迺相率出門，積善寺在其左，門前有一聯云：水抱蓮涇，一路楓橋人喚渡；寺藏竹院，三吳梅社客尋詩。視其款識，蔭培老人之手筆也。惜嚴扃不得游，吾儕遂改道緣白蓮涇。經上津橋而東，俄至永善堂，入而稍憩，是堂亦以牡丹名，有素色含苞似兒拳者，尤稱佳種。廡後藤蘿蓊薈，奇石竦列，有螺谷者，深窅幽旋。谷口屹立一幛，髣髴螺之具掩蓋然，殊有趣致也。時天已垂暮，而余躊躇花前，不忍遽去。昔李義山有暮烟情態之詩，不意適於斯際領略之。且牡丹花期綦促，而俗又有穀雨三朝翦牡丹之例，蠟蒂筠籃，用餉紳衿，吾儕之來也，卻先一日，否則跋涉徒勞，有僅弔空枝之悵惘矣。故為之文以志喜。

酒痕屐齒記

宣父誕之前一日，為星社雅集期，主值者為小青、明道。午后五時，會於吳苑深處愛竹居。晼晚，同莅大成坊巷之常熟酒樓，計瞻廬、明道、小青、眠雲、菊高、佩萸、賡夔、轉陶、若玄、逸梅十人，候吟秋不來，折柬招之。烟橋赴梁谿主蘇民報政，碧波走崇明，半狂執教鞭於南宿州，未與會。既列座，菊高以其長兄之烟絲集分貽星友，集多雋語，而說海尚友錄更饒趣味，洵絕妙下酒物，勝於漢書也。既而行請西施、捉曹操令，席間以賡夔、轉陶有女兒氣，咸誤猜之，笑謔備至。酒酣，小青、賡夔欲赴樂羣社之音樂會，先去。未幾，諸星亦散，是夜，徐子卓呆、趙子苕狂、施子濟羣，自海上來，寓金閶門外之蘇州飯店。蓋先期函約，於二十七日之晨，與諸星會者。

二十七日晨，余至温家岸范宅，小青、瞻廬、賡夔、轉陶已先至，憩坐鴟夷室，湘簾低亞，樹影篩窗，絕宜之著作地也。俄頃。卓呆、苕狂、濟羣自金閶驅車至，晤譚甚懽，濟羣游蘇頻遇雨，獨鶴謂為雨星照命，民哀贈以蘇車站鎮守使之尊號，蓋其新歲之二日來蘇，至站，大雨滂沱，不能出，待一小時，雨不止，懊喪遄返，故有是謔也。是日天晴，濟羣乃大樂，温家岸、邇惠蔭園，遂先游焉。既入，園門嚴扃，小青作勢欲開之，吾儕相笑語曰，小青欲一試其偵探手段矣，然手段雖高，終無奈鐵將軍何，囑司閽者以鑰啓之。複壁曲院，窱窈邃深，而朱桂黝儵，香襲衣袂。有小林屋，疊石嶇嶔，晻曖闇瞑，森森有寒氣，下水澶湉，架窄石於其上，纔可容人行。小青躡蹀為導，衆攀援從之，惟苕狂、瞻廬目近視，愯遽不敢進，一再轉折，豁如地裂，豁若天開，則出洞矣。時眠雲與其堂兄震初，及張子定一至，迺同至北街拙政園。園為明嘉靖御史王獻臣大弘寺遺址，文徵明有拙政園圖記，吳梅村有拙政園山茶歌，名聞東南久矣。以清暢開曠勝，令人有超然塵俗之表想。循曲橋迴廊，游行既遍，迺就座啜茗。卓呆為吳產，園為其舊游地，因述兒時頑劣狀，語時滑稽作態，引人發噱。而濟羣遽起就池唾，卓呆遂笑謂濟羣曰，尊用痰盂，得毋太大乎，更哄堂大笑。時已近午，出園，雇車至阿黛橋畔之久華樓，觥壘交錯，談興更豪，苕狂喜勃蘭地，眠雲命侍者以進，於是且飲且述其醉史，十分有趣。諸餚既陳，悤促進飯，因尚擬一探虎丘也。卓呆曰，窺虎者，例須向山神叩首，蓋故設辭以詒苕狂濟羣。濟羣亦黠者，曰是當請卓呆代表。飯后，眠雲有市民公社事，不克同行，特為假某公司之汽艇一，俾迅抵虎丘。小青因隔宿食蟹，體例不適，辭歸葑寓。餘皆相率至廣濟橋下艇，機聲軋軋，循城河駛行，兩岸野花，淡豔有秋意，亦殊悅目焉。須臾抵麓，舍艇登岸，穿擁翠山莊，逕上冷香閣，酌憨憨泉，讀名人題聯，又指點獅嶺靈巖而觀賞之，坐久下閣，偏領其勝，瞰劍池，登千人石，瞻說法臺，謁眞娘墓，逸興遄飛，留戀忘返。然塔影斜陽，鴉聲嘐戛，游客漸冉冉散，頓覺一片泬寥，不可久留，仍下艇返金閶。時已電火齊明，而管絃燁煜，盈耳欲醉。夜范氏昆仲，尚宴諸子於温家岸，為俗事累，亟欲歸舍，未克奉陪末座，深覺歉仄也。翠日，卓呆、苕狂、濟羣乘車還，蓋各主海上雜志報章筆政，不能曠日多游耳。

觀瑞雲峯記

吳中多奇石，若獅林之攢蹙、涵碧莊之嶙嶒，凡四方裙屐之來游者，莫不以一瞻其勝為快，然罕有訪舊織造署之瑞雲峰者。署僻處城南，而又久經圮廢，人踵尠及，故其名迺湮沒而不彰。社友蔣子吟秋居近是地，喜徜徉泉石，遂為具道瑞雲峯之狀。某日，予始偕醉石生往游焉，入署左折而為園，蕪榛蔓艸，培塿累然，而諸石錯立，環拱一池。池中垤垷孤亭，有似中流砥柱者，卽瑞雲峰也。池荒水涸，可得逼而摩撫之。峯高一丈五六尺，橫約四尺餘，色殊黝古，而嵌空玲瓏，岈然突出。自遠望之，髣髴雲氣坌溢，縹緲濛漠，此瑞雲峰之所以名歟。夫峯之玲瓏，固無遜於獅林之攢蹙、涵碧莊之嶙峋也。然或則彰傳遐邇，或則湮沒不聞，殆亦有幸不幸耶。

探梅兩日記

吳中之園林，往往以花著，如拙政園之山茶、網師園之紫薇，而滄浪亭畔之可園，尤以梅聞。余固好梅成癖者，乃於仲春之朔日往游焉。入門右折，經博約堂而登浩歌亭，時梅開方酣，色綦絢爛，有白者、有紅者、有淺綠者，咸為重瓣，暗香襲人，心脾為醉。昔人詩云：冷香疑到骨，瓊豔幾堪餐。不啻為今日詠矣。而池邊有老幹作偃臥狀者，厥名透骨紅，梅之異種也。著花三兩朵，其花穠絳，幾似荼火，而柯幹亦表裏俱赭，斯透骨紅之名之所由來也，不覺裴回久之。時園無俗客，塵囂不到，為境殊寥寂云。翌日，課餘之暇，乃偕王子蔚成，作虎丘之游，謁眞娘墓，登生公臺，瞰憨泉劍池，即趨冷香閣。冷香閣之梅樹三百株，花絕茂美，素則烟籠玉暖，絳則雨浴脂凝，而吾儕巡檐索笑，茗椀都香，令人如置身於當年之玉照堂紅羅亭間也。俄一美人珊珊來，於花叢中小竚作態，而微風乍起，落英幡纚，於是雲鬖也、粉靨也、錦袂也、文裳也，悉沾花瓣。美人出翠帕以拂之，一笑嫣然，為狀殊韻。濡筆記此，似尚留於眼底心頭焉。

秋山紅樹記

余游天平，一而再矣，游輒有記。今秋重九後八日，又偕諸學友買櫂以探其勝，山靈無恙，似覩故人，且登峰窮跡，賞葉留蹤，更為前次所未領略，余遂不能不有所記述矣。是日晨八時，坌集廣濟橋下船，船行甚疾，須臾過西園，及寒山古剎，十時半許，經栖星橋。榜人為理炊饌，有酒有餚，足以醉飽。飯已，船亦停泊，吾儕相率登岸，阡陌相輻，循之施施行，兩旁雜樹扶疏，大有漸入佳境之概。約四五里，達山麓，石級坱圠，傴僂汗喘，至童子門小憩。右望支硎，丘陵駊騀，御道曼曼，令人想像當年輦蹕之盛不置。過童子門，則巨楓橚矗，霜葉紅酣，有如美人醉靨，吾儕各拾一二插諸襟扣。一再轉折，而抵范文正公祠，松老似龍，參天挺拔，子有落地而茁生者，高一二尺，宛宛伍卉艸中，殊覺可愛。穿曲橋，入高義園，延眺石笏，岭巆嶙峋，潼滃蔚薈，為狀之奇，有匪丹青手所能寫其萬一。園側有小門，囑寺僧啓之，峰迴路轉，黝嵐巍巍，各以其形態而劖以題名，如鸚鵡石鐘之類。既而入兼山閣，瀹缽盂泉以解渴。閣有聯語，錄其二云：萬笏皆從平地起，一峰常插白雲中。又云：盡把好峰藏寺裏，不教幽景落人間。讀之幾疑吾身不在塵壒也。後又於白雲亭畔，或披艸坐，或撫碑立，機以留眞。又趨一線天而上陟，愈上而境愈詭怪，路愈嶮峻，縣崖若墜，巉嶙砉然，垂條嬋媛，攀之而升，有裾著荊棘不能脫者，相與大笑。斯時各告奮勇，而余尤稱捷足，奈入歧途，嶂巗阻絕，乃亟於石佛龕旁，別尋蹊徑，然諸子已先余而造極矣。語云，欲速則不達，於此益信。據巔四矚，牒牒坰野，盡在烟雲杳靄中。太湖帆影，猶點點可辨，而天風撼樹，發作清響。高處不勝寒，遂搶攘而下，幾頻嚏跲，及船解維，天已嚮晦，雲氣四合，愔愔微雨。回首邱巒，盡失所在矣。

游龍壽山房記

自昌亭至虎阜，計七里而強，中有半塘橋焉。橋畔為龍壽山房，藏元僧善繼血經，曩與君博曾作一度之游。今年孟夏上浣之三日，復偕雲龕往訪之，至則雙扉嚴扃，叩款良久，始有一僮豎出而應納。庭院間略有池石之勝，但蕪艸不治，難以駐足。左折而為寶經堂，堂對石室，顏以元僧繼公血書華嚴經龕十字。旁有一聯云：綠字赤文，爛然千古；金匱石室，藏之名山。蓋吳穎芝老人所題也。住持為啓石室門，則赫然一櫥，櫥中累累，卽華嚴血經是。出櫝而展經，每卷輒冠以佛像二三幀，經文悉為正楷，無點畫之苟，聞係繼公血指謹書，都八十一卷，洵禪林之寶笈也。但字作淡褐色，諒年代久遠使然，題識者甚多，如陸鳳石、陳夔龍、康長素、吳老缶、朱彊村，咸有詠志，然亦有俗傖妄作解人，而加以惡劣之字若印者，是眞所謂佛頭著糞者矣。相與惋歎久之。

雙浮圖記

余曩居甫橋西街，去舍百數十武，有雙浮圖焉。考諸府志，為宋雍熙中王文罕所建。對峙戛雲，東西相距祇尋丈地耳。浮圖俱七級，無階梯可登，而赭堊剝蝕，甓瓴崩圮，隙罅中茁生雜樹，禽羽棲止，嚶呦不絕，幾似仙樂嗷誂，發於九天也。每當斜陽西墮，逍遙相羊乎其間，聊以忘世，亦有足樂者。浮圖之南，為唐般若寺，以失葺久，榱朽甍折，殿上蛛絲塵網，矮几冷鉎，尤覺蕪穢不堪。蓋緇流盡去，遂為窶者所居云。

植園追勝記

吳中園林，大都以縝密杳窱為尚，欲求空豁曠朗，涉之噓翕清爽者，則舍植園外罕覯也。園在盤門孔廟之側，有清末季，為中丞程雪樓所闢治，輦土疏泉，疲極入力。逮落成，傾城士女，錯踴集止。而於夏日尤宜，品茗蒔以當風，揮冰紈而臨水，不敏亦常隨先王父錦庭公，杖履盤桓，往往留戀不忍遽去。清鼎既革，斯園日就荒廢，游者遂絕跡，並齒及而寡儔矣。今夏小暑前五日，浴罷，初試袷衣，散步城南，偶憶舊游，往訪故址。至則園已易名為苗圃，而門扃不得入。詢諸人，始知由耳舍通之，舍留一媼，凡入園者，媼必索一名刺，蓋司閽之職也。出舍為一陂塘，芙蕖方著華，色妍而素，有薄暈輕絳者，彌可愛，出水一二尺，亭亭似凌波仙子焉。左為長隄，柯葉駢織，不漏日光，彳亍其間，翛然意適。兩旁皆水田，秀秧怒茁，蜻蜓款款而飛，絕妙一幅田邨夏景圖也。隄盡則蕪草支蔓，難辨蹊徑，野花一白如雪，接葉亭頹然立於其中。而斜陽影裏，三五帆韍玄裳之女學生，展畫具以寫生，意態閒靚，衣袂飄舉。更南行，修篁一叢，窈然沈碧，前有重樓，嚴閉不可登。景象蕭槭，緬懷疇昔之盛，有不覺令人惝恍者。趨而出，便瞻瑞光佛寺浮圖，浮圖傍城堙，計級七，陊陁堊蝕。相輪亦歲久而隳，然連一索鐵，尚牽掛未下，時鴉羣噫啞，蒼烟勃勃。不敏迺徐步而歸，明日記之如此。

怡園流觴記

金粟如來生日，吾草橋諸學侶，設宴於怡園之可自怡齋。蓋袁君纘之，方自美利堅費城歸，茲特為之洗塵也。是日與宴者，纘之外，則為選之、子壯、夢良、仲周、斯震、景蘧、不佞七人，酒醇果香，肉芬魚美，而纘之為述異邦俗尚，洵為海外奇談。酒闌，相與穿林樾，步蹊蹬，徧領拜石軒、松籟閣、螺髻亭、慈雲洞之勝。而慈雲洞中一石突出，未加刻削，天然作觀音大士像，髹以金采，其色爛然，此洞之名之所由來歟。亭閣多聯語，悉顧紫珊主人集詞成之，茲錄其一云：仙子駕黃虬，玉樹懸秋，清夢重游天上；中宵接瑤鳳，瓊樓宴萼，古香吹下雲頭。好句欲仙，誦之溽暑若失。既而還至可自怡齋，憑曲欄，對菡萏，翠蓋白花，敷披可愛，且沿漪多松，槠矗森萃，栗鼠兩三，騰躍其間，趫捷無與倫比，殊有趣也。齋後植梅數十株，又豢鶴二，清癯入畫，而不佞與梅有夙契。眄柯怡顏，不覺為之盤桓久之。明日遂草此記。

拙政園賞蕖記

拙政園芙蕖早著花，然憚於溽暑，科頭跣足，不敢行動。今日嚮明起，覺殊涼爽，乃驅車至城北往游焉。入門左折，憩坐水榭，品清荈，對芙蕖，花俱絳色，亭亭然高四五尺，幾可憑檻而擷取也。尤可愛者，翠蓋露珠，匀圓溜瀉，有似柏梁銅柱僊人掌，苟得勺而飲之，當可一傲漢武當年矣。靜觀自得，不覺移晷，迺度小橋，歷清華閣、月香亭，而至香洲。洲臨水，設制若畫舫，屏鐫南皮張樞書吳梅村山茶詩，殊典麗可誦，惜乎寶珠名種已菀折，徒留此祭酒詩以點綴耳。再前行為藕香榭，乍見二三麗人，御淺黃旗衫，在此照影，雅韻欲流，穠芬四溢，一如與花鬬豔者。由是而西，則柳陰路曲，邱石邃古，而一亭翼然，顏為倚虹。念及亡友畢子幾庵，為之腹痛靡已。既而登遠香堂，堂弘暢軒豁，聯語盈壁，而以張之萬一聯：「曲水崇山，雅集逾獅林虎阜；蒔花種竹，風流繼文畫吳詩。」最為短雋得體。

時游客已滿座，予不耐喧鬧，乃亟出園。旁廡之庭，有紫藤一架，幹粗合抱，虵蟠虬曲，瘿贅累累，支以鐵柱，覆蔭可數屋。湮陽端方為立一碑「文衡山先生手植藤。」蓋數百年之古物矣。歸面為之記。

遂園嘯傲記

遂園居金昌門內，吳中勝地也。處暑日，余飯後無事，爰作半日之游。入門，見碧琅玕一叢，自生涼意。竹之畔為琴舫，懸有半窗依柳岸、一曲譜蓮歌之短聯。聯製以木，式若槁梧，洵琴舫中之特制點綴物也。廊腰迴折，至映紅軒。軒臨水，池中菡萏，猶有殘花，且横亙石梁。梁之西，花色純白；梁之東。則殷紅似日之初升，曄然舒綵。而雛鵝兩三，浮游於田田翠蓋間，不啻交頸比翼之鴛鴦也。又歷諸水榭，而至容閒堂。堂上有獻柳敬亭技者，妙語如環，絃曲婉曼。余亦稍覺疲乏，迺憩坐以聆之，令人神為之怡。既而曲終人散，余更攀登丘阜，縈旋而上陟，最高處一亭兀然，據茲下矚，可以盡覽園之景而無所蔽之。其旁則奇石竦列，彷彿虓虎之蹲伏，隼鷲之振翮，龍鍾老人之拄杖盤桓，蓋隨人之想像而變易其態也。小立其間，輕飈拂袂，飄飄欲舉，而篁韻松濤，悉成清響，幾忘身在城市中也。余聊浪於是園者屢矣，然從未有記。因思林泉勝蹟，不可久使埋沒焉，乃撰小文以志之。相傳園為有清巨宦慕天顏所構治，故至今尚有人稱為慕家花園云。

惠蔭園賞桂記

惠蔭園以桂著，當著花時，氤氳金粟，林壑俱香。中秋前一日，眠雲慕蓮兩子，過我荒止而約往游焉。園中有桂苑，有叢桂山莊。繞屋植桂，偃蹇連踡，高三四尋，繁英細簇，雖竭目力而不得見，更疑天香自雲外飄來也。慕蓮大樂，予曰，子慕蓮而今忽慕桂，脫濂溪翁有知，當起而嚴辭斥責矣。慕蓮為之莞爾。既而入小林屋，巖洞窈然，豬水澶湉，曲折架以石梁，梁殊窄狹，纔可蹞步，而奇柱下垂，幾刀人肩，拊壁以行，愈深而愈曖昧，其極也則又谽呀豁閉而出洞矣。慕蓮以桄導自任，俄頃，笑欬聲已在洞外。予與眠雲咸不中道而廢，因憶往歲偕卓呆、苕狂、濟羣、小青諸子來游，相率作入穴探驪之戲，何勇於前而怯於後，弁予亦無以自解也。洞上為虹隱樓，登之複室迴廊，備極紆杳。聞人云，昔為男女幽會之所，鶯粉燕脂，不乏豔跡，殆或然歟。游之后十日，追而記之如此。

游環秀山莊記

余耳環秀山莊名久矣，迄未至其地。孟秋中澣之八日，迺偕二三友侶往訪之。莊在黃鸝坊橋之東，與慕家園相對宇，蓋汪氏之義莊也。吾儕自側門入，登一堂，榜以四大字曰環秀山莊。堂前邱石攢積，而紫薇一樹，花已半瘁，落瓣浮池面。文鱗唼喋，依欄矚之，頗得靜趣。度矼而陟磴，縈旋屈折，崋嵬嶔巇，疑纚連而中斷，似屹巀而相軋，將升而突降，欲左而忽右，迷離惝惚，為境之奇。除倪迂所疊之獅林外，莫能與之比並也。嶂谷深邃，洞屋窈然，涓涓一勺，流注於旁，人偶憩息，雖溽暑伊鬱，而亦憭慄有寒意。余乃笑謂同儕曰，從茲當遠棄塵世，琴牀丹竈，永為洞府僊人矣。既而抵最高處，一亭嶫豎，徑通補秋舫，舫敞南甍，小而有雅致。其楹聯云。雲樹遠涵青，偏教十二闌干；波平如鏡，山窗濃疊翠，恰受兩三人坐。屋小於舟，洵眼前景也。舫左而地又坱圠，巒壑錯繆，崖際承以檐管，俾得瀉霤，每逢霡霂，寒泉飛雪，瀆涌迴薄，厥聲淙淙，好奇者往往笠屐以聽也。壑多龜介之屬，潛泳其間，驚之則匿峞罅中，人不得而探焉。循磴級可登樓，晶牖淨几，柯影扶疏，為讀書之佳地，惜乎吾儕無此清福以享領之耳。游既徧，亟出而赴青年會，因尚須一覽冷紅畫會之成績云。

記寒碧山莊之濟顛石

吾蘇寒碧山莊，名勝動東南，即一草一木之微，莫不耐人留戀忻賞。間以累石崢嶸，洵有如古人所謂蘊怪含靈，懷奇蓄變者。而濟顛石危立鴛鴦池畔，尤妙得神態，冠欹側，肋骨袒露，加之黴蘚斑剝，髣髴布衲之破綻然者。一一皆酷肖梵宇間所雕塑之僧像，而出諸自然，不經削琢，斯亦罕覯可貴也矣。一昨予侍母往游，佇對久之，因記之如此。

記玄妙觀之古鼎

吾吳玄妙觀，為道家勝地。觀中之祖師殿，有一鼎，鼎為銅質，初固未之寶也，後忽為某西人所見，堅欲得之，而羽士乃居為奇貨，一再論值，卒以三萬金定議，且先付五百圓，約期取舁焉。不料適為學界某君偵悉，出而力阻，於是素鮮人知之古鼎，遂喧傳於里閭。一時踵門往觀者，幾戶限為穿。不敏一昨無事，亦嘗問鼎焉。祖師殿在觀之東側門，往觀者，必由火神殿繞道右折而入。殿已傾圮，蛛塵罥網。所謂古鼎者，陳於中庭，下有石座，高及人肩。鼎為長方，式如殿宇之雛形，色殊黝黑，中有碎裂紋，縱約四尺，橫約五尺，無年代標識，然據考古家斷為宋代物也。殿側有金甲怒目之神，共計五座，亦為銅質。殿之正中，有神龕絕高，而階級已毀，來觀者相率墊以傾折之榤椽以攀登之。龕中為祖師像，質亦銅，巍大倍常人，古色古香，均為珍品云。

留園蘭會記

留園為金昌勝地，花朝之期，特開名蘭之會。午后四時，不敏偕眠雲、震初二子，驅車往賞焉。蘭設於冠雲峯畔之廳事，計四巨案，列蘭殆盈，各支以紅木之文架，參錯有致，盆上皆黏以書簽印章，蓋護蘭主人之標記也。花皆名種。如玉梅、蔡梅、小打、荷瓣、翠萏、綠英、元吉梅、春程梅、賀神梅、天興梅、張荷素、文團素等。咸饒雅韻。有五瓣者，有三瓣者，有孤芳者，有雙秀者，或柔或挺，或腴或瘦，蕊或赭而捲，心或素而舒，洵大觀也。時游女似雲，脂香粉氣，氤氳欲醉，於是花之幽芬，反為所奪。而冠雲峯之左側，有紅蘭一樹，花絕茂豔。來游者往往囑莊丁擷一二株，帶將春色，始賦歸來云。

涵碧莊之名蘭，前已述之矣，茲又於夏歷三月二十日至二十二日，續開蕙蘭之會，不敏乃於二十二日之午後往賞焉。蘭仍敷陳於冠雲峰畔，計六大案，都五十有八盆。在廳事者為舊本，在階前者為今歲新茁之花，插以金綵，號以狀元，蓋所以寵之也。有小蕩、大陳、華字、程梅、衢梅諸名色，盆上鈐有怡園、隱梅庵、瓊華館、浣花室、桃塢貝、東海徐之圖印者。咸護花主人也，而尤以東海徐者居首列。雙枝挺秀，風韻天然，自有一種卓犖不羣之概。其餘有瘠若腊枯者，有腴比玉潤者，或密英以䌫蕊，或疏朵以素心，而要皆以細桿扶直之，即覆泥纖艸，亦茸茸具妙致，於斯可知主人培治之周至矣。是日來賞者，以女流為多，燕燕鶯鶯，濃妝淡抹，花香人氣，兩以氤氳。時峯側孔雀，忽妒豔而振翅，嘩然舒綵，似張錦屏，約五分鐘，乃漸斂合，洵奇觀也。未幾，趙子眠雲來，既而又覲屠子守拙，遂據雲飛亭以敍譚，略進茶點。至日昃，始各驅車歸家。

神仙廟紀游

舊歷四月十四日，為呂純陽誕期。吳儂多迷信，往往於先日之夜，翦千年蒀之葉，散擲途間，俾仙人塵游，得踐履以納福也。十四日，桃花塢之呂祖廟，如雲士女，熙往攘來，謂之軋神仙。而治岐黃者，更必來廟拈香，成為習俗。不佞於午後二時許，曾往一瞻其盛況。呂祖廟，一名福濟觀，入門，人殊擁擠，殿前百攤雜陳，又有戲法、口技、西洋鏡種種玩藝，幾似海上之城隍廟而尤熱鬧焉。呂祖塑像，列於龕中，香煙繚繞，難辨面目。兩廡別有甲冑佩劍之武神，不能舉其名，然亦有膜拜焚香者，蓋得呂祖之餘惠也。巡覽一周，熱不可耐，迺即出廟。而下塘街一帶，多賣龜者，龜置於竹簍中，或大於椀，或小如錢，稱之為神仙龜，人亦以神仙之嘉名而樂購之。此外更有艸木本之花樹，鞾葩垂葉，都數百千種，暨泥捏之濟顛、關聖、模特兒式之蚌殼精，悉以求售，無不利市三倍云。

獅林賞菊記

城北獅子林，元天如禪師倡道之地，而勝朝黃氏涉園之故址也。但荒替日久，石頹池涸，幾乎為丘墟矣。鉅紳貝氏遂購而治之，經營易歲，規模始具。嘗與閨人壽梅偕吟秋暨碧筠夫人同游，車抵其地，門扃不得入，迺繞道前巷而涉勝焉。敞南甍為廳事，妝點綦麗，棐几檀案，列置井然，蓋主人張飲賓從處也，而奇石環拱，有似屏蔽。度小矼，入巖洞，黝冥杳窱，高低迴折，令人迷於往復。倪迂之構作，洵匪凡手所得而比擬也。既而循磴上陟，據高四矚，諸峯突怒偃蹇，歷歷在目，或似狻猊，或似虓虎，或似丹山鳳，或似巫峽猿，或似朝士執圭，或似老人拄杖，而巍然特兀者，則髣髴醉酒之李青蓮，而伸足使高閹宦脫鞾，妙具神態，尤為羣石中之傑出者。幾經曲折，出嵁巖而履坦地，不數十武，得一池，水殊瑩潔，廣可畝許，石舫儼然，泊止其中。吾人登之，欲作浮家泛宅想矣。岸旁隴坡，植菊若干叢，著花正盛，紫英赭蘂，郁郁菲菲，碧筠壽梅咸愛花若命者，相與平章瞻賞久之。舫對一榭，飛翠流丹，觚棱浮動，榜以眞趣二字，乃十全老人之御題也。榭過而為齋軒，亦皆贏鏤雕琢，金碧繁飾，有失質樸蕭澹之致，予無取焉。歸而記之以留鴻雪，且藉示吟秋夫婦云。

西園聽雨記

微雨退暑，足音跫然，蓋滄浪生自海上歸來也。滄浪生與予交莫逆，過從談文史，終日不倦。飯既，偕往西園，雨愔愔未已，垂綠跃蔓，方弗新沐。園有池，絕清曠，池中翼然一亭，小橋通之，下蓄魚介，噞喁沈浮，往往引人駐躅焉。是日游者絕尠，泬寥寂歷，似天故闢斯清境以著我兩人者。時雨淅瀝更甚，水起浮漚，隨滅隨起，繼而琤琤琮琮作清響。斜風掠低枝，如蜻蜓點水然，而魚乃大樂，促鮮尺鱗，幾欲出水。吾儕屑餌以拋之，於是浮者來，潛者起，爭奪唼喋，一若人之希弋利祿而擾攘也。由是觀之，則六合之內，何在而匪爭奪之場哉。因感而記之。

靖園窺虎記

七里山塘，頗多勝蹟，而李公祠之靖園其一也。穀雨後五日，余於課餘偕雲莽往游，入門，便見曲園老人之榜書，蓋卽園之題名也。園不大，而洿池疊石，列植交蔭，徜徉其間，有足以使人悠然意適者，斯亦難得遘止之佳境也矣。池旁山茶，渥丹赫烜，苞坼春風，而有美一人，舒其纖腕，摘瓊朵以飾襟扣。余謂雲莽曰，是眞東方茶花女也。相與一笑，既而入水竹居，居接春玲瓏館，深虛曠潔，可以憩坐。楹柱有聯云：四面雲山餘虎氣，一池水月伴鷗眠。園鄰虎阜，故聯語云云。稍西，一樓高峙，拾級而上，則阜塔巍峨，山莊擁翠，一一呈於目前，似披名人畫本。余曰，脫攜詩囊酒榼，來此醉吟嘯傲，竟歲不涉城市，則是樂雖南面王而不與易，奈天之靳畀吾輩以清福何。下樓而歷凝暉堂，堂對藝圃，栽有瀛島移來之櫻花，緞瓣而帶淺綠，繁簇爭麗，然與余往歲在青陽堤畔所見者不同。據花奴云，花類別綦夥，茲乃綠櫻貴種也。由側戶出園，尋支徑而陟虎阜，巖齒中多紫荷花草，彷彿西土之毋忘儂花，厥色絕艷。余戲擷一二莖，綴諸帽檐。乘興謁真娘墓，瞰第三泉，上五十三參，而登小吳軒。凭檻遐矚，斜暉掛樹杪，人影散亂，山風颯然至，衣袂為寒。余遂與雲蕣緩步而歸，於青山綠水橋間，一弔五人之墓，碎塼蔓藟，且茁若干小楓，想秋霜染葉，絢爛生紅，當與義士之斑斑血痕相媲美云。

虎阜瞻幢記

虎阜去郊祗七八里，然羈羈塵俗，亦不克常游。憶自歲初探梅后，足跡未涉虎谿者，已春秋代序矣。一昨於金昌亭畔，晤君博、眠雲、孔章三子，因述及周梅谷之經幢，遂相偕往瞻之。轔轔車行，倏瞬即至，過短簿祠，門鐍不能入。眠雲曰，殆祠神知我儕枵腹而來，故特享以閉門羹乎。忽歷憨憨泉、試劍石、眞娘墓、擁翠山莊，而石幢巍然在望矣。幢立於千人石上，高丈許，計級七，周圍鐫彌陀經全部，其下有老缶所篆「周氏所建經幢」六字，餘則費韋齋之幢記也。曾熙、馮煦、方還、金天翮、張丹翁、吳湖帆、任堇叔、天台山農數十雋彥之題名也，皆由梅谷手刻。梅谷固善運鐵筆者。夫與梅谷同垂孝思之石幢在阜者，計鼎足而三，一附二僊亭，一傍生公臺，惟越年久，而字跡剝蝕難辨，然妝點風景，有足動人低徊焉。時塔影斜陽，游人俱杳，蓋已薄暮矣，乃趨冷香閣而登之。閣中懸翁印若先生之虎阜圖，圖絕巨，筆意超脫，似宋元人之所為。今夏先生歸道山，則此遺幅彌可貴也。依窗憩坐，且又苦渴，飲茗荈以觀之。而當鑪者為一娟好之女郎，舉止亦閒靚可喜。予曰，是卓文君再世也。君博曰，然則子為重生之司馬相如矣。予以不克勝為讓，相與大笑。舉目遠矚，衆山如拱揖於前，嶙峋者，靈巖也；突兀者，獅嶺也；嶔巇屹嵫者，天平支硎也。而瀰迆平原，蒼煙勃勃，村舍林樾，悉為籠孕，翳蔽曖昧之狀，有非晝日炯晃中所得而領略者。坐既久，迺出而訪第三泉，崖石窪然，瀢滙硉矹，為今歲新疏引者。厥水清洌，可比之於中泠惠泉者也。游至此，夜氣幽穆，不能再留，遂驅原車而還。（梅谷經幢茲已遷至石湖之畔）。

鶴園夜讌記

吳中韓家巷有鶴園焉，具水石之勝，本為洪氏產，漚尹翁曾居之。琴劍書囊，寄其嘯傲者二年。厥后是園易主，為龐子蘅裳所有。中秋之夜，星社雅集，遂商之主人，而醉月飛觴也。熏夕，予偕眠雲驅車往，則煙橋、聞天、冷月、佩萸、菊高、劍花、紀于。已先據攜鶴草堂，繼而瞻廬、小青、明道、季鶴、守拙聯裾來，計十有四人。一堂濟濟，摩挲吉金樂石，賞覽名畫法書。蓋陳設之雋潔，有足令人發思古之幽情也。既而徧歷其境，池畔一石兀立，鐫以朱文曰掌雲，聞天因謂眠雲曰。巨靈之掌，君當望而卻步矣，眠雲為之莞爾。廊腰迴折處，隱約見珠簾晶牖，則主人之閨闥，榜以燕寢凝香與世隔七字，亦殊饒逸致。俄而臧獲以赴讌請，乃相率就座於枕流漱石軒，霞琖牙箸，馘芬魚美，佐以張公大谷之梨，梁侯烏椑之柿，既快朶頤，復肆雅謔，又行三不對令，懽笑更劇。所謂三不對者，限於五官。例如甲以目在何處問，乙卽以目在耳上對，且隨以指指鼻，以顛倒混淆為尚，否則罰以巨觥，然忽遽間，輒易失察也。令畢，議及陶子寒翠加入星社事，予因笑向社友曰，從茲隆冬不能舉行雅集，夫既有冷月，再有寒翠，凜兢憀慄，則雖毳衲駝茸之裘，不能禦矣。瞻廬曰，毋妨，是可請雙熱列席以調劑之也，合座哐然。時素魄流空，精彩自柯條嬋媛中漏出，幽靜不可名狀。座多酒龍，涴浮大白，及踏月歸家，已譙樓三鼓矣。

游濂溪別墅記

金昌亭畔，有濂溪別墅焉。別墅為周姓產，佔地若干畝，有水木清華之勝。予於一昨偶偕某君往訪之，入門，循文廊行，有精室數楹，壁懸玉屏，案陳古盎，并有吳昌碩、左孝同、王一亭諸名公題額，蓋主人之所居也。園之布置，前密而後疏，密則奇石聳疊，疏則細草平鋪，中洿一大池，微颸吹來，水淪漪作皺紋，吾儕憑榭閒矚，而白鵝三兩，浴波刷羽，頗得游濳之樂，令人對之悠然而意遠也。池畔多蟠桃，結實離離，尙未熟綻，脫遲一二月者，當可舉行蟠桃勝會矣。後為一大花房，覆以玻瓈，卽四壁亦以玻瓈為之，晶瑩朗澈，適於養花，花迺歐種，大都不知其名。色盡為赤，或淺絳，或穠紅，或緋而間白，或艷而微黃，其狀綦媚，正似十七年華之妙女郎也。吾儕遍行一周，深歎主人構斯，非胸無邱壑者，惜乎門臨大衢，有飆輪馳逐聲之足以擾耳，為可厭云。（按別墅今改為花園飯店）。

可園探梅記

吾吳產梅地，首推鄧尉，繁花似海，綴雪生香。春序方初，宜蠟阮屐。然是地去城數十里，往還頗費跋涉，叢脞之愚，固無此清福以餐瓊領豔也。不得已而思其次，則有南闉可園。巡檐索笑，堪以慰情。而吟秋子彝二子，又致意相招，乃於一昨撥冗作半日游焉。升博約堂，與二子把晤，略述別後情況，即引愚登樓，一覽藏書之富。蓋可園者，亦一瑯嬛勝地也。入其中，丹函翠蘊，綈袠縹囊，別類分門，垂籤累累。而圖書集成，都五千餘册，幾占鄴架之半，絕貴異者，有元版之宋文鑑十六本、春秋屬辭兩函、昭明文選全帙。書為胡蝶裝，古香古色，使人愛不忍釋。鑑藻一過，直趨浩歌亭，一賞寒枝芳蕤，以療愚之飢渴。花有素者，有淺碧者，而以赭色者為多。霞融姑射之面，酒沁壽陽之肌，裂蕾含春，爛漫極矣。蝨身其間，不啻當年趙師雄之醉臥羅浮也。子彝善照景術，遂出鏡機以試之，且置機捩，能自動不假人手，故得三人駢立而留眞。既畢，迺循漪尋鐵骨紅老梅，夭矯如故，著花三四朶，彌覺酣紅馥郁，既而又至對宇滄浪亭一游。亭兀立於蘩茸茀離間，日益頹廢，有桃塢居士者，發願葺治之，茲已煥然一新矣。時晷日西斜，亟辭二子而歸。

可園讀書記

吳中名勝，首推滄浪亭，登之令人思古追賢，低徊無已。與滄浪亭望衡對宇者曰可園，水木明瑟，佳趣盎然，植梅數十百本，尤以鐵骨紅最為名貴，蓋斷枝表裏俱赭，絕少覯見。惜今非花時，祗一二斜柯，蹇立於池畔，彷彿美人之亂頭粗服，尚未紅妝梳洗也。不慧一昨回里，偷半日之閒，與眠雲、孔章二子，驅車蒞其地，以應吟秋、子彝之招。園中藏書甚多，某名宿長其事，而吟秋、子彝同司編目之職。其編目也，一為種類目錄、一為書名目錄、一為著者目錄，列短櫥若干事，排比抽斗，貫以銅梗，諸標識之硬紙片，纍纍串諸其上，任人翻檢，而不虞遺散，法至善也。既而吟秋導入樓室，出示韻府羣玉，書計廿册，行格疏朗，古色彪彲，書根繕寫，又絕精妙，為元延祐元年刻，尤為難得。更有行水金鑑，及玄妙觀志，咸為世間孤本。金鑑述水利綦詳，附圖又細緻無與倫比，金鶴望前輩見之，愛不忍釋，頗以不得價購，引為憾事。玄妙觀志，計二册，為工楷鈔本，記觀之掌故，及前人詠歎諸什，收羅殆遍，亦為稀有之佳籍。其他明版諸書，縹囊綈帙，充斥四壁，一時難以領略。而海上諸日刊，似申報、時報、新聞報等，編年彙訂，自成大觀。聞明春尚擬補覓晶報等全刊，俾富厥藏。展覽一過，出至博約堂，有樓五楹，貯書千萬卷，并有宋版者若干部，尤饒古澤。奈司值者適外出，門扃不得一窺其奧，欲飽眼福，當俟諸異日矣。

訪蔣圃記

街頭巷口，有蔣圃水蜜桃之揭櫫焉。揭櫫為朱文，副之以畫，頗具美觀，記者為其所動，逕往訪之。圃為蔣君所有，在倉街胡相思巷口，占地二十餘畝，徧植以桃，瓊實離離，殷紅熟綻。凡客臨門，出相當代價，可摘實盈筥。丹骨縹肌，液多核小，味埒滋春玉露，而無螬蠐之病，人因是珍之。得快朵頤者，或比諸天台之劉晨阮肇也。據云，斯圃本為棄地，蔣君以廉價購得，雇村氓墾治，忽掘得何首烏，形似鱷，計長三四丈，蔣君至今尚藏之。墾既熟，迺栽武陵之花，其出售早水蜜桃也。茲已為第三年，年可獲千金。施肥接種，悉仿歐法，故成績頗不惡，他日或能與奉化水蜜桃龍華蟠桃爭席也。

周廟觀玉記

周宣靈王廟，在金昌門內之天庫前。舊歷九月十四日，為王誕期。廟為玉業公所所建，故逢王之誕日，玉業中人，必醵飲羅百戲，且陳玉玩以媚悅於神靈。是日記者適酬應壽事於廟之左近，午後，偕二三友侶往觀之。入門，鉦鼓聲喧，旌旄燦麗，有寬袍博帶，金面儼然而高坐者，即周宣靈王是。時諸玉人競作摴蒱之戲，吾國人之好賭，於此可見一斑。轉折而至善寶堂，則巨案縱列，除供碩大之香櫞木瓜佛手外，悉為盄盉鍾鼎諸皿，皿成以古黝之銅。此外更有雨過天青色之淺碟，計十有六，碟各置古玩二事，瑪瑙之虬，翡翠之駒，玭霞之猴，珊瑚之饕餮，脂玉之佛象，或蟠曲，或騰驤，或蹲踞，或縮代，或挺然而立，玲瓏透剔，疑非人力所得瑳琢也。而白屏紅罌，紫環黃爵，又得如干數，色澤之美潤，蔑以加矣。其他別有一碧玉之蛙，長逾二尺，塊然無痕。玉鉢中龍爪擎一大晶球，瑩澈照人，亦為珍物。游覽一周，乃退而記之，併錄其堂聯一則，以為是記之殿。其聯云：斯民歸謂之王，卅六年菽水承歡，羣欽天爵；君子比德於玉，數百載圭璋令望，永庇人寰。

紀支硎靈巖之游

駒光好迅速啊，去歲的立夏日，不佞和天笑、瘦鵑。及星社諸子，同作天平之游，又挾了昌亭眉史四五輩，酌鉢盂之泉，尋蓮花之洞，把那清巒秀壑，都薰染了脂香粉氣，意興之盛，得未曾有。而今紅了櫻桃，青了梅子，又是一年的立夏了。回憶前游，不覺興為勃發，便約定萬青、雲荇、蘭言女士，及諸生徒，蠟屐雇舟，同探支硎靈巖之勝。晨七時，在廣濟橋下船，柔艣聲聲，歷楓橋寒山寺而前往。我們在艙中啖甘蔗，飫甜釀，雜以談笑，不一回已到了栖星橋。那栖星橋為一小鎮，市聲塵囂，喧鬧可厭，過鎮則浮萍聚藻，綠漲一溪，加之岸旁柯條，飫蔓垂拂，差不多把去路都遮斷了。船行其中，似在藹藹翠幄間，那是多麼有趣啊。約半小時，即停橈柳岸，這時飯已熟了，魚羹肉膾也烹調好了，我們便團坐而食。既畢，係踵登岸而行，林麓黝儵，荒葛罥塗，那些村犬，嘊嘊似欲齧人。行不多遠，有穹門黃垣的，就是支硎古剎了。供有觀音大士塑像，靈龕寶蓋，旃檀氤氳，俗稱支硎為觀音山，大約卽因此而有是名。其右別為一殿，中有一幢，絕高大，下以頑鐵為關捩，推之可以旋轉，諸生徒見了，便自告奮勇，合力旋推，以加速率。這箇頑意兒，好比那海上梨園的大轉舞臺，那幢中的釋迦文佛，迦葉阿難，任人簸弄，兀自低眉不語，據說轉了幢必施以香金，可愈頭目昏眩之病，這也是僧徒斂錢的一法呢。我們隨喜了一回，出剎左折，奇石錯立，崖溜琤琮，厥名寒泉，勺飲之，涼沁脾腑，此身幾欲僊去。泉旁鐫石成文，邑名宿大圜居士書有「支硎道場」四大字，又有吳下寓公李印泉，書有「支硎古為臨硎，俗稱觀音山，又名報恩山，一山四名也」若干字。髹以硃丹頗覺觸目由此循磴而上愈行愈高，嶇嶔巋崎，蓊茸樠矗，有已枯的巨木，葛藤纍挂枝幹間，柔條殗葉，欣欣向榮，幾令人混視巨木之森然未瘁。巖罅中野薔薇方發花，離披映帶，素豔可人。我們紛紛採擷，或綴之於鈕扣，或插諸於帽檐，有的累累贅贅帶了許多，香風飄拂，中人欲醒，而宦石巊螺，狀益詭怪，若虎伏，若龍騰，若鵬之展翅，若厲魅之猙獰噤齘，萬象森列，幾有入山陰道上目不暇給之概。嶺脊有一屋，斷垣荒榛，相傳為十全老人南游駐駕之所。過了這屋，山勢便由高而下，御道峢㟐，遠望有似羊腸一線，到了極低處，山勢又由下而高了，原來支硎已盡，已到了天平山。石級崴魁，上陟頗覺汗喘，過童子門，為高義園，長松秀矗，風來成籟，我們足力有些疲乏了，即在下白雲稍憩。見亭壁間亂塗著不知所云的詩句，我們笑讀了一回，又在左首發見一幅妙畫，春色漢宮，備極淫褻，這種頑意兒，沾污山靈，未免罪過。有賣凫茈的，吾們買了若干枚解渴，且啖且行。回顧峭蒨青蔥間，峯巒複沓，亂石岭峨，不可名狀。途徑紆回，約行五六里，始到靈巖，斜坂迤邐，行行止止，土石間茁生穉筍，髣髴摻摻玉指，我們拔了成束，以便帶了回去，煑花豬肉以下酒。既而抵最高處，石磴峻滑，非猨攀卉條不克登。我們又斫了一挺直的樹枝，權當司的克，俾得支撐扶持，那最高處巨石如砥，上鑿有琴臺兩字，相傳為昔西施奏琴的地方，旁邊有兩箇孔穴，又傳為吳王與西施對弈時，投置碁子的天然器具。但這種傳說，恐不足憑信，因這陡絕的琴臺，雖我們壯健的男子，尚不易攀登，豈荏弱女子所能勝，這想是後人附會其事，成為豔跡罷了。我們兀立巨石上，東望太湖，煙水迷茫，帆船點點，莫釐包山，屹峙湖中，眞好比水晶盤裏的兩箇青螺。俄而山風飆發，厥聲颼飀，雖非龍山，卻欲落帽，勢既不可留，乃相率而下。時有二女郎，出其輕羅帕子，繫以綵絲，以代紙鳶，帕子因風而舞，絕似紙鳶之高舉，有趣的很。左折有清水一泓，為浣花池，再左則為靈巖寺，寺乃古館娃宮故址，浮圖嶽立，計級七，每級供有石佛。我們進了寺，山僧瀹茗以獻，飲之渴頓止，且又苦熱，磅礴解衣，借了把大蕉扇來揮著，習習清風，涼生兩腋。坐了一回，出寺游覽，那左邊的山坡上，一石塊然，恰對著太湖中的黿頭渚，其狀酷肖元緒公，俗因稱為烏龜望太湖。又有一石直立，似偉丈夫，其容傴傴然，若有待而失望，俗因稱為癡漢等老婆。據父老說，古有一男子，約女來會，不料女屆時爽約，男子便僵化為石，這種有味的故事，很足以添游客的興致。其他尚有許多名蹟，什麼響屧廊咧、韓王碑咧、香水谿咧，都不及徧領其勝。我們再在寺裏喝了一杯茶，即圖歸計，循著原徑，下了斜坡，憚於越巒踰峯的勞疲，找了箇童子來作嚮導，改由金山麓地而行。那金山為採石之所，附近數百里的石料，大都取給於此，仰望山石，塏塏赬顏，多斧鑿的痕跡。過金山浜茶塢浜的市集，那些山氓，聚在小茶寮內賭博，厮吵喧嘩，令人厭惡。行不多遠，為天平的東童子門，經了這門，完全為田塍了。時斜陽照墟落，乃競赴停橈處。及歸抵金昌，早已萬家燈火，炫眸生纈了。

上方之游

寂處吳門時的不佞，沒有玩過上方山。及至今日，飄泊江頭，卻得偷閒回里。試屐登臨，於茲可知吾人雖一游一息之微，此中也有機緣，頗足耐人思索尋味哩。

中秋節屆，人月雙圓，不佞也動故園松菊之念，且乘著上海影戲公司同人來蘇攝取外景，遂於先一日逕賦歸來。團圝節之晨，盥胰漱粉畢，便雇車至閶亭，訪但君杜宇於蘇州飯店，蓋先期約定者。至則杜宇、淦亭、寶琦、蓉珠、維賢、雲傑、鴻泉諸子均在，二春亦偕來，乃買一舟，同赴上方石湖之間，一探幽勝。八時解維，由胥谿而行，一路蘋藻拂堤，蓼芷披岸，橫塘妾住，十里坡平，在在足以快適吾人之襟抱。十一時許，到行春橋，那橋為九環洞，過橋便為石湖，天澄照碧，日動浮金，極溟滓渺湎之妙。我們的船，在湖邊榆柳叢中停繫著，柯葉低垂，篷牕罨綠，杜宇、二春、鴻泉等，常就公司中所佈之華清池學泅泳，深苦方丈渟潰，不克展發身手，一旦莅此水鄉澤國，不覺大喜欲狂，亟御浴衣，紛紛投水，初尚扶舷，不敢遽離，繼而聯臂激蕩，浮至波心，一時白浪生花，急湍作響，倒也很有趣味。不佞和維賢、雲傑、蓉珠，坐在鷁首，啖剝紅菱，聽得岸旁莽葦亂草中，蟋蟀淒咽。雲傑好弄似頑童，即騰身上岸，翻甎掘土，搜尋了片刻，竟被他獲到四五箇。把茄立克烟罐，權充瓦盎，一古攏兒置在罐中，且擷蟋蟀艸一二莖，引其怒吻。果不多時，蟲兒互相鬥殺起來，勝的瞿瞿驕鳴，負的一躍遁去，和軍閥下野一般。我們笑看了一回，泅泳的也倦乏了，登船易去濕衣，一同午飯。蛋羹肉膾，豆筴蝦仁。既飽啖了，我們聯裾登山，由驢夫阿三為導。這時游人絡繹，路上設著許多攤兒，售賣糖果。因香汛在邇，所以倍形熱鬧。前行轉折，篁樹蒙籠，愈行而愈幽邃，四圍俱綠，衣袂為之易色。間有一二野葩，赭瓣垂鬚，爛發道左，也足以妝點秋容。那蟬兒曳著殘聲，別成韻調。這時我們覺得熱了，解衣磅礴，在石凳上憩坐，見坡麓間鐫有楞伽二大字，楞伽為上方別名，乃李印泉所書，印泉年來為吳下寓公，訪古探勝，興正不淺，且喜留蹟巖壑，書以渥丹。此老名心太重，未免為盛德之累咧。坐了一回，再行上陟，不佞穿了一雙白麂皮鞋，足繭生痛，奈一時又購不到中蹻，祇得忍痛蹇步。幸而此山較天平支硎為平易，而阿三在旁指點崖樹，謂海上友聯影片公司日前曾來攝影，孰為「山東響馬」俠盜馳騁處，孰為廣東先生避匿處，言之歷歷，杜宇亦在在注意，以備攝取為銀幕之用。忽睹一老叟，席地而坐，編製花籃，式殊玲瓏，二春見之而喜，買其一箇，代價為小銀幣二。據云，乃金銀花藤所編製的。二春又於蓁篠纖草中，蒐採雜卉，以實新籃，色煸爛可觀，而篠草中多螽斯蚱蜢螳螂等蟲，飛躍絕迅，雲傑以軟鞭揮擊之，一一就捕，偶不小心，被螳螂肢鐮所襲，血指涔涔，然不以是而罷止，捕捉益奮，計若干隻，亦置諸籃中。既而到了山巔，覡巫環塔作囈禱，厥狀可笑。塔七級，中為神龕，供五通，有清名吏湯斌，曾一度毀之，今已為重塑的偶像了。一般窮措大，往往有向神借債的。八月十八日，為神誕期，窮措大躬詣神前，虔誠求一籤決，借款若干，何代清償，須於求籤時默叩，及籤出，有允有不允，允者便算遂願。從此無論懋遷游宦，及其他種種事業，莫不一帆風順，囊槖充盈，而年年是日，必以燭香紙元寶獻神，紙元寶按年遞加，終其身而繼之以子孫，不能或替，其荒誕有如此。深願當局，出而厲禁，掃盡妖氛，使名山勝地，不留些兒污點，那麼湯斌在天之靈，也當色然而喜咧。我們在山巔遠眺，阡陌相輯，城郭如繡，而天平靈巖等山，巍巍競峙。杜宇出機攝取若干幀，遂一同下山。那些村嫗，沿途乞錢，一嫗欲向我們求乞，別一嫗阻止伊說，這些人是賣外國糖的，不肯施捨，莫多饒舌。實在我們不衫不履，不中不西，又多挾著機件箱篋，無怪村嫗要認為賣外國糖的了。寶琦聞之，連稱這嫗識相，隨手給他銅元二枚，不料此端一開，諸嫗紛來，經雲傑把馬鞭揮斥，始退。及抵山麓，蓉珠已妝成迎上來，翠珮雲翹，粉裝玉琢，想曩年太眞妃子，當亦不過爾爾，奈杜宇因相地未妥，不能開攝。且時候也不早了，同下艙船憩坐，口頗苦渴，得茗作牛飲，其味之佳，勝於瓊漿玉液。五時到新閶門，在南新橋上岸，不佞卽辭別進城。

越二日，六時起身，收拾了應帶的物件，擬乘長車赴滬。到了阿黛橋，便往蘇州飯店，一探諸同事回申沒有。不料到了那兒，諸同事正在進啖早點，杜宇謂已雇定普益汽油船，再往楞伽靈巖之間，擇地攝影，仍邀不佞同去。八時開船，到了胥門，沿棗墅行，是日為上方香汛最盛之期。一般愚夫婦，絡繹進香，有的乘船，有的步行，元寶香燭，累累負戴。從橫塘直到石湖，香船幾乎綿亙不斷，那行春橋畔，更熱鬧的了不得。村氓駕著船，鉦鼓喧闐，耍拳使棒，用以媚神，那種傖俗狀態，令人作嘔。其他大小畫舫，和星羅棋布一般，嬋娟豔飾，儒鬟楚腰，尤足以引起浪蜂遊蝶。有的是夜宿船中，玩賞串月。據父老云，明月初上，映行春橋，洞影如串，亦為吳中佳景。昔人有憶江南詞，蘇州好，串月看長橋，橋畔重重湖面闊，月光片片挂輪高，此夜愛吹簫。便是詠這箇頑意兒的。我們也上岸趕一回熱鬧。沿麓攤兒，設得密層層地，還有許多臨時神廟，那神廟簡單的很，可以隨時搭卸，備一小木偶，藉得香火資，也是村氓投機事業之一。舉首瞻望山上的人，不知萬幾，憶得昔賢有游人似帶束山腰句，這不啻是今日的寫眞。杜宇又攝了許多片兒，權充楊貴妃劇中胡奴變叛為鼙鼓所驚的難民，好得豆人寸馬，服裝之今昔，瞧不出來。攝後陟磴上升，肩摩踵接，擠擠攘攘。間有一二穿赭衣的，飾犯人模樣，而巫覡乘著輿兒，佯作顛狂，算是菩薩附身，有的竟從山上直滾下來，跌的七死八活，這眞荒謬極了。秋陽驕灼，衣為汗濕，且徧山焚著元寶紙帛，火光熊熊，逼人難受。我們急忙跑下，腹中有些餓了，買了些山農所製的赤糖糕來充飢。開船行一二里，為石湖之最佳勝處，清瀾澄瀋，菰蘆蕭疏。杜宇囑船停泊，別雇一帆船，傍岸待用。周鴻泉化裝為肥胡，登帆船遠颺，雲傑飾一將帶戎卒緊追，及祿山登船，乃彎弓發矢，狀很雄壯可觀。不佞那時閒著沒事，坐在船頭臨流濯足，快適無比，約逾半小時，繼續開船前進，午抵木瀆，過敵樓，入香谿，相傳西施曾在該谿中浣手，浣後一水俱香，遂有是名，洵屬千秋豔跡咧。既至市集，我們上岸，在某館中進膳，一醋魚味絕雋美，為之加餐，飯罷便作歸計。致靈巖山上的琴臺響廊，和學友嚴子康伯家的羨園，都沒有餘暇前去領略。船至半途，見有斷墉古柱的遺蹟，杜宇卽命蓉珠環珮結束，化為妃子當年，在一大樹下宛轉繯首，委地花鈿，無人收拾，蓋為馬嵬坡之末幕了。玉環既死，我們也像隨從君王的六軍，卽行出發，過上方山下，那些香船，早已辭櫂，頓覺湖水湖烟，清寥可愛。晚間六時到金昌，不佞是夜便宿在旅館中，明晨和諸同事進城，飯後乘車赴滬。目病了若干天，始稍瘥可，乃追寫游蹤如此。

天池濯足記

蘇州的名山，什麼虎阜咧，天平咧，支硎咧，都頑的膩了，因想到一箇沒有去過的所在頑一次，既而知道有箇天池山，離城約三十里，很有些兒景蹟，於是就把天池做了箇清游目的地。但是屢次與友約期而去，總是屆時天不做美，雨師阻駕。今歲重九日，諸學友又約定往游，在上津橋上船，晨間小雨廉纖，兀是焦悶躊躇。不半小時，雨霽日出，我們就決計棹舟前去。到了上津橋，我們雇定的船，已停繫在柳陰深處，即有船娘招呼下船，但榜人因市肴沒有還來，我們恐一再遲延，碞促不及暢游，囑船娘先行開船，船緩步疾，榜人可以追及的，船娘也以為然，便解維劃波而行。柔艣聲聲，秋江寥闊，我們城市中人，久錮塵囂，一到了這種境地，頓覺眼界寬舒，心神怡適。不一回，經西園戒幢寺，而抵冶芳浜口，這冶芳浜在數十年前，素稱豔藪，粉黛如雲，戶宇櫛比，一般裘馬王孫，鶩趨而至，纏頭浪擲，花海吹笙，確是一箇銷魂之窟。以視今日之敗葦荒潦，相去不啻霄壤，今昔異狀，那得不令人慼喟呢。將近寒山寺，有一斷橋，榜人已追及，船便附岸，俾榜人上登，我們見了，不覺異口同聲道，是眞一齣斷橋相會哩。到栖星橋，為一市集，鄉人大都以編筐筥為生，時已近午了，船娘為我們陳簋數事，料理膳餐，天又翛翛而雨，黝雲低罨，山容為改，不多時而又雲開雨歇。蓋今日的天，和人們的境遇差不多，時蹇時通，無從得其端朕。船既轉折，境更清曠，兩旁的樹，岸土被水浸蝕，巨根外露，厥狀一似怪獸之頭，而垂條著水，拂掠篷牕，玻黎上點點留痕，間以紅蓼白蘋，茈虒可愛，絕妙一幅秋江放櫂畫本，惜我不能繪臨，未免有負佳景了。而野菱糾蔓於蘋蓼間，我們戲把司的克鈎摘，得一二枚，剝而啖之，清嫩可口。又行了若干里，抵白馬澗，港汊窄狹，便泊舟上岸。白馬澗為一箇小鎮，鎮多茶寮，氓夫據集作摴蒱戲，呼盧喝雉之聲不絕，吾國人好賭性成，於此可見一斑。市盡，則又田舍相接，門臨谿塘，牧童驅羊叱犢，閒適的很。塍間又伏著一頭小槖駝，毛色樱，隆峯長項，別有一種狀態。愈行而途徑愈僻野了，乃招一村間女郎，許以酬資，作為嚮導。那女郎年事可十七八，貌尚楚楚，而捷步若飛，我們男子反有望塵莫及之概，一再請伊緩行，始克相從。此時沿途景物，幽蒨無與倫比，塘水中浮著紫色的萍藻，小鱗瀺灂，時起漚沫，雜樹扶疏中，間以一二烏桕，殷紅霜葉，曄若春華。雜樹也有結著一顆顆的紅實的，點綴秋光，益形嬌麗。這樣的行了八九里，陂陀起伏，達賀九嶺，循磴而上，令人汗喘。約數百步，則穹然一門，和天平的童子門相髣髴，門旁有一巨碑，朱書「天養人」三字，這三字似乎沒甚意思，想係俗子所為。據鄉人道，三字朱文，從來不加硃髹，色澤垂褪，往往風雨作而紅暈如新，神靈奇妙如此。齊東野語，不足憑信。經了這門，嚮導的女郎道，往天池山有兩條路，一條取道黃牛嶺，崎嶇的很，一條為平易的蹊徑，究從那裏而去，我們想路愈崎嶇，境愈奇突，便不辭艱險，由黃牛嶺進行。上了黃牛嶺，丘陵駮䮖，岩嶙纚連，或峻谷礐岑，或懸崖詭怪，而山鳥呼鳴，訣厲悄切。到了這兒，四圍盡是嶂巒，幾疑脫絕塵世，忽而峰迴路轉，由高而下，路畔一大巒石，如經斧削，厥狀頗奇。而山腰石龕相對，中供接引佛，其間有一方池，廣約半畝，渟水汀瀅。嚮導女郎道，這箇便是天池了。我聽了大喜，足力也有些疲乏了，便在石旁坐下，脫履濯足。因謂學友道，濯足天池，比之濯足長江萬里流的，雖不及他的豪情，也有他的勝概呢。池對寂鑑寺，繞以石垣，有門可通，我們進去隨喜一番。庭中黃白二桂，繁英穠馥，和旃檀的香，氤氳一片，左有禪齋，數椽小築，三面凌空。僧人烹了茗荈，請我們在禪齋中憩坐。憑牕高眺，棧齾巉嶮中，有峌峴孤亭的巨石，便為蓮華峯。我們出攝影機照了一幀，這時天又冥冥而雨，潼滃蔚薈，風聲呼豨，雨滴亂綠中作清響，我們枯坐聽雨，約一小時。雨勢稍煞了，嚮導女郎道，山氣暗昧，陰翳未銷，難以待晴，不如趁此雨勢稍煞的當兒，下山去罷。我們聽從出寺，因急於下山，致鄰近花山的乾隆獨木御座，未能前去瞻賞了。忽忽由平易的蹊徑而行，草蟲嘶咽，一有足聲，便戛然而止。兩旁多松秧，簇簇葱翠，這是山農種以鬻錢的。行不多遠，雨漸漸的大了，回顧丘嵐疊嶂，嵝溟鬱岪，這時適在壙埌之野，四無遮蔽，過叢樹下，塕然風來，柯條間留滴瀉墮，點大似拳。不一囘，衣履沾濡殆遍了。某學友道，今天箇箇濕頭（俗稱不幸為弗濕頭），大吉大利。引得我們都笑了。既而抵天養人的洞門，循原坡而下再行三四里，始有村落。我們在農家屋檐下暫躲，榜人也隨行。見有賣蕈的，便向他購買，三百青蚨，可購一斤，可謂價廉極了，且山蕈不失眞味，尤非城市間物所可比儗。躲了片刻，吽呀邨犬，爭出狂吠。我們仍冒雨急走，又走了若干里始到泊舟，處箇箇和水老鴉一般。入艙解除溼衣，船娘擰來熱手巾數把，將頭面的淋水，揩拭一乾，始稍寧適。而腹中有些飢餓了，遂出晨間所備的重陽糕啗啖一飽，那重陽糕為應時鮮品，或赭或白，或紫或黃，中含糖餡，飢時啖之，更覺甘芳異常，正合了先哲所謂飢者易為食了。船既開放，大雨滂沱，從篷窗中外望，好一派米家潑墨山水圖，雨珠如水，沫起迴薄，由小而擴大，加之激濺錯落不可名狀，水中游鱗，因而大樂，頻作潑剌聲，翠鳥輕掠水面，紺潤碧滑，羽澤綦美。榜人道，翠鳥喜啄魚，有魚虎子之稱，茲聞潑剌聲，又將利喙大動了。我們更促膝作拉雜話，船畜一貍奴，喜暱人，我素愛貍奴的，逗以一索，貍奴戲撲翻騰，厥狀絕趣。我對學友道，這眞是髦兒戲哩（髦諧貓）。達寒山寺，寥戾暮笳，天色漸暝，及到上津橋，岸上電炬，在黑暗中作作生芒，乃雇街車歸去。略進晚餐，便倒身而睡，夢寐中猶似此身在煙波浩淼中呢。——完

中華民國十九年三月印刷
中華民國十九年三月初版
最新蘇州遊覽指南全一册
不准翻印
（定價大洋五角）（外埠酌加郵費匯費）
編著者　鄭逸梅
出版者　大東書局
印刷者　大東書局
發行所上海四馬路暨各省大東書局

廣告

如飽覽天下名勝

亦人生極大快事

下列各書足為諸君壯游之良伴

▲怎樣的游西湖	凌善清編	一冊	五角
▲湖上	周瘦鵑編	一冊	四角
▲西湖叢話	凌善清編	一冊	四角
▲西湖探勝記	顧明道著	一冊	二角五分
▲蘇州游覽指南	鄭逸梅編	一冊	五角
▲新都游覽指南	方繼之編	一冊	四角
▲普陀游覽指南	印刷中		
▲太虛法師環游記	太虛大師著	一冊	一元

大東書局印行

民國城市 01

中國近代歷史城市指南：

蘇州篇（一）

City Guidebooks of Modern China:
Suzhou Section I

作　　者　中央研究院近代史研究所
　　　　　城市史研究群　選編
總 編 輯　陳新林、呂芳上
執行編輯　林弘毅
封面設計　陳新林
排　　版　溫心忻

出 版 者　**中央研究院近代史研究所**
11529 台北市南港區研究院路二段
128 號
TEL：+886-2-2782-4166

開源書局出版有限公司
香港金鐘夏慤道 18 號海富中心
1 座 26 樓 06 室
TEL：+852-35860995

民國歷史文化學社
10646 台北市大安區羅斯福路三段
37 號 7 樓之 1
TEL：+886-2-2369-6912
FAX：+886-2-2369-6990

銷 售 處　**源流成文化股份有限公司**
10646 台北市大安區羅斯福路三段
37 號 7 樓之 1
TEL：+886-2-2369-6912
FAX：+886-2-2369-6990

初版一刷　2019 年 6 月 28 日
定　　價　新台幣 350 元
　　　　　港　幣 90 元
I S B N　978-988-8637-04-1
印　　刷　長達印刷有限公司
台北市西園路二段 50 巷 4 弄 21 號
TEL：+886-2-2304-0488

版權所有・翻印必究
如有破損、缺頁或裝訂錯誤
請寄回銷售處更換